SAMUEL BECKETT
Y EL HUMOR

SAMUEL BECKETT Y EL HUMOR

José Francisco Fernández, ed.

PUV
VNIVERSITAT
ᴅVALÈNCIA

Publicación sometida
a *peer review*

PUV

© Del texto: los autores, 2025
© De la fotografía: José Manuel Salcedo, 2000
© De esta edición: Universitat de València, 2025

Coordinación editorial: Maite Simón
Maquetación: Inmaculada Mesa
Corrección: David Lluch

Cubierta:
    Fotografía: Escena de la representación *Esperando a Godot*, de Samuel Beckett,
            por el grupo Ultramarinos de Lucas (octubre de 2000)
    Diseño: Celso Hernández de la Figuera

ISBN: 978-84-1118-553-0
Depósito legal: V-640-2025

Impresión: Safekat S. L.

ÍNDICE

INTRODUCCIÓN

José Francisco Fernández
Universidad de Almería

El humor no es lo primero que se asocia con Samuel Beckett. Se dice, es cierto, que el autor irlandés incorpora una cierta comicidad grotesca, quizá tomada del circo y del vodevil, a la desolación que aparece como trasfondo en sus obras de teatro y en su prosa. En España, en concreto, el aspecto cómico ha desaparecido casi totalmente del discurso crítico relacionado con Beckett; tal es el peso de la perpetuación de un cliché sobre este autor, iniciado en los primeros tiempos de su recepción en las letras hispanas, como escritor plomizo y profundamente existencial. No se deben cargar las tintas, no obstante, en cuanto al sesgo que se imprimió a las obras de Beckett en España; considerarlo en su aspecto más sufrido era lo habitual en los primeros años de la recepción de su producción teatral y de su narrativa en todo el mundo. Así se expresaba, por ejemplo, el influyente crítico Martin Esslin en 1961: «Obras como las de Beckett, que surgen de los estratos más profundos de la mente y sondean los más oscuros abismos de ansiedad, se desmoronarían ante la más mínima indicación de ligereza o falta de seriedad; deben ser el resultado de una dolorosa lucha contra el medio en el que se expresan» (2001: 38).[1]

Sin embargo, Beckett es muy divertido. Ya lo apuntaban expertos sagaces como Raymond Federman: «Se le ha llamado pesimista, nihilista, destructor de la forma, torturador del hombre. Y, no obstante, con demasiada frecuencia uno se olvida que leer a Beckett es fundamentalmente reír» (1965: 578). También en la vida real, a pesar de la imagen de adustez que transmitía su persona, a Beckett le gustaba reírse, como nos confiesa Fernando Arrabal (1993: 24) al recordar impagables momentos de carcajadas cuando se juntaban y hacían juegos de palabras.

---

1. Todas las traducciones del inglés son de José Francisco Fernández.

En cuanto a su obra, nos vienen a la cabeza episodios desternillantes, quizá crueles y terribles, como el de Vladimir y Estragón contemplando la posibilidad de suicidarse ante un árbol raquítico en *Esperando a Godot*; o Nagg contando el que quizá es el peor chiste del mundo, el del sastre y el pantalón, en *Fin de partida*; o Molloy intentando comunicarse con su madre a base de golpes en el cráneo en la novela del mismo nombre, entre otros muchos ejemplos. También están las frases ingeniosas, con frecuencia expresadas en el inglés propio de Irlanda, pronunciadas casi al pasar, pero con una intención apenas disimulada de hacer reír, como Belacqua al inicio de *Sueño con mujeres que ni fu ni fa*, comentando la frase del vigilante del muelle sobre su propio escupitajo; o el protagonista de *El fin*, molesto porque nadie ha hecho un comentario sobre sus partes pudendas cuando lo vestían; o Arsene en su «breve declaración» en *Watt*: «¿Verdad que no me expreso mal para estar como estoy?». La novela *Mercier y Camier* es divertidísima en su conjunto, alcanzando el punto culminante cuando Watt, invitado por sorpresa en esa narración, rompe de un bastonazo la mesa del bar y exclama a voz en grito: «¡Que se joda la vida!». Los personajes desahuciados por la sociedad que se mueven como si fueran autómatas con el mecanismo roto, o que se balancean desnudos en una mecedora, o que hacen cálculos con los guijarros que van a chupar, nos hacen reír muy a nuestro pesar.

Ante estos ejemplos, junto con docenas de fragmentos extraídos de sus obras, el recurso a la frase manida de «humor negro» no es suficiente, al igual que resulta inadecuada la explicación de que el humor en Beckett es un resquicio de dignidad en unos personajes desharrapados, un ejemplo de resiliencia ante la adversidad. Lo cómico, que muestra una constante presencia en Beckett, a pesar del trasfondo desesperanzador en sus narraciones y obras de teatro, se convierte según Carla Locatelli en el epicentro de un discurso radicalmente incierto que tiene como resultado una indecisión logocéntrica gracias a sofisticados entramados metasemióticos (1990: 85). El humor en Beckett, por tanto, es algo más, se trata de una fuerza motriz en su particular visión del mundo, uno de los motores que mueven un engranaje muy complejo que se alimenta a su vez de nociones filosóficas de gran calado. Solo así puede entenderse que, además de provocar hilaridad, las escenas cómicas de su obra contengan reflexiones sobre el propio humor, como «Nada tan divertido como la desgracia, te doy la razón», que dice Nell en *Fin de partida*, o las distintas clases de risas (la amarga, la hueca y la seria) expuestas por Arsene en *Watt*. El humor forma parte del desmantelamiento que hace el autor de todo un sistema de pensamiento, basado en la razón, que hace tiempo que dejó de tener sentido. Tal es así que críticos como Laura Salisbury destacan el humor en Beckett como herramienta contra la homogenización y uniformidad forzosa de la vida y el pensamiento contemporáneos. Para Salisbury, el humor en la obra de Beckett exige que se respete un ritmo propio, interrumpiendo el discurso, poniendo trabas a cualquier idea de entretenimiento fácil que el lector pueda albergar. Es precisamente por esa obsesión de concentrar tiempo en sí misma por lo que la comedia aparece una y otra vez en los textos de Beckett (Salisbury, 2012: 3). De ahí la obsesión de Beckett por las historias supuestamente divertidas que nos enervan como lectores, los chistes que se alargan una eternidad o que quedan sin contar (¿Qué fue del inglés en el burdel de *Esperando a Godot*?). Beckett consigue elevar el chiste malo a la categoría de lo sublime, como una forma de reírse de la risa. Frente a la idea de la carcajada sana y liberadora, el humor en Beckett es problemático e inquietante, un humor que a duras penas y a regañadientes tiene que encargarse de todo, que no ofrece consuelo y que nos deja peor de lo que estábamos. Muy acertadamente, el profesor John Pilling afirma en su contribución a este libro que Beckett se preocupa por aquello de lo que se está riendo. Como decimos, el humor en Beckett no contribuye a la fluidez del discurso, más bien lo retiene, como si ofreciera una resistencia a ser consumido de inmediato. Fue Ruby Cohn, en un estudio pionero, quien llamó a las obras de Beckett «comitragedias» (1962: 8), destacando así el poso amargo que nos deja su risa. Y sin embargo nos reímos, por muy absurdo que nos parezca todo, como cuando leemos la inclasificable noche de pasión del protagonista de *Primer amor*.

El libro de Cohn antes mencionado es *Samuel Beckett: The Comic Gamut* (1962), un trabajo fundamental pues muestra, entre otras cosas, la variedad del humor en Beckett y su conexión con la gran tradición cómica de la literatura irlandesa. Cohn sentó las bases para considerar a Beckett como autor cómico y críticos posteriores no han hecho sino profundizar en este complejo aspecto de su escritura. Como ejemplo de las investigaciones que se han realizado en esta línea, aparte de trabajos como los de Laura Salisbury y Carla Locatelli (véase la bibliografía), me gustaría mencionar el capítulo sobre Beckett en el libro de Michael North *Machine-Age Comedy* (2009), en donde se ofrece una perspectiva original para estudiar el humor en Beckett basada en la idea del «doble»; frente a la concepción bergsoniana de la risa que nos provoca un comportamiento mecánico en los seres humanos, North sugiere, por el contrario, que «el doble [en Beckett] es un chiste a expensas del humor que resulta cuando un ser humano insiste en actuar como un ser humano» (2009: 155).

El humor en Beckett, además, evoluciona y cambia con el paso del tiempo. Destaca el humor sardónico, punzante e hiriente de sus primeras historias, el humor problematizado de sus obras de teatro, el humor a bocajarro de sus novelas de la trilogía o el humor sutil y elegante de su obra tardía. ¿Cómo no sonreír ante la agudeza de las «Adaptaciones de Chamfort»? (en *Obra poética completa* [2000], editada por Jenaro Talens). Sí es cierto, como apunta Ruby Cohn, que en los últimos años su humor se vuelve más sombrío, «hasta que en sus obras de teatro de la década de 1970 ese brillo metálico radica casi por completo en lo irónico de la situación, en una boca incorpórea, en una sonrisa sin dientes, en unos jirones que caminan» (1980: 12). Sin embargo, en general, hasta en las obras más profundas y descorazonadoras, como los *Textos para nada*, encontramos alivios cómicos, como cuando la voz de un pobre diablo, que se afana en buscarle sentido a un universo hostil, nos espeta de repente una confesión, y es que siente «debilidad por los Windsor, los Hanover, se me olvidan, los Hohenzollern, son esos ¿no?» (Beckett, 2015: 92). De una forma inquietante, nos reímos de nosotros al reírnos de lo que estamos leyendo. O, como opina Manfred Pfister, lo único que puede hacer la risa en Beckett es reforzar nuestros mecanismos de defensa frente a las promesas fáciles y vanas de las ideologías (2001: 50).

La presente selección de ensayos tiene como objetivo transmitir la complejidad de este humor y profundizar en las distintas funciones que tiene en el conjunto de la producción literaria de Samuel Beckett, a sabiendas de que definir lo cómico en Beckett implica hacerse muchas preguntas y tener la certeza de que las respuestas serán parciales, tentativas y a veces insatisfactorias, aunque era necesario hacerse esas preguntas y era importante ofrecer esas respuestas. No existe en español ningún estudio específico sobre el humor en la obra del premio nobel irlandés, lo que indica que nos encontramos ante una ausencia que era necesario cubrir. Como señala Antonia Rodríguez Gago, las obras de Beckett que se representaron en España desde mediados de la década de 1950 venían lastradas por la carga política resultante de las circunstancias de censura y falta de libertad impuestas por la dictadura de Franco. La incorporación del humor en las representaciones de sus piezas teatrales no se produjo hasta bien entrados los años setenta: «En lugar de considerársele el maestro del absurdo o el poeta trágico y metafísico de la fatalidad, según le habían descrito algunos de sus primeros críticos, Beckett pasó a ser visto por algunos directores como un maestro del lenguaje teatral con un sentido del humor corrosivo» (Rodríguez Gago, 2006: 189). Efectivamente, en España las primeras aportaciones críticas sobre Beckett habían oscilado entre la perplejidad y el rechazo, como escribía el crítico Alfredo Marqueríe a raíz del estreno de *La última cinta* en España en 1962: «No hay en la pieza ninguna otra cosa ni profunda ni formal. Ni un pensamiento elevado, ni una frase bella, ni un rasgo de humor o de ingenio, ni poesía, ni emoción, ni concepto, ni humanidad, ni simbología, ni fantasía, ni verdad» (en Ruiz Ramón, 1981: 453). Según uno de los estudiosos que colaboran en este volumen, John London, para los críticos españoles el principal problema era su incapacidad de aceptar el pesimismo de la acción y la aridez de los diálogos (1997: 133). Con el tiempo, la presencia de Beckett en la escena española se fue aceptando, aunque nunca fue un fenómeno mayoritario, pues aparte de las obras más conocidas, que podían tener cierta acogida en los circuitos oficiales, su teatro se representaba sobre todo por parte de grupos marginales o universitarios. Si había alguna referencia a la vertiente cómica de Beckett, los comentarios no se salían de los parámetros establecidos por Trino Martínez-Trives, director del primer *Godot* representado en España, cuando la definió como «un humor negro-oscurísimo» (E. R. L., 1965: 129).

La percepción de la prosa narrativa de Beckett no era muy distinta de la de su teatro. En su *Renovación de la novela en el siglo XX* (1967), Benito Varela Jácome escribe sobre las novelas de Beckett: «Sorprendemos en sus personajes una disgregación, una descomposición aparencial del ser, un comportamiento automático, quizá de raíz "surrealista", una monstruosa regresión en la escala zoológica. Esta humanidad tarada, agonizante, ciega de espiritualidad, parece explorada con rayos X» (1967: 374).

Los estudios sobre Beckett en España se desarrollaron de forma notable a partir de la década de 1990, cuando empezaron a publicarse con regularidad artículos científicos, monografías y tesis doctorales sobre el autor irlandés. El enfoque de estos trabajos ha sido muy variado, como puede comprobarse por la bibliografía de publicaciones académicas sobre Beckett recogidas en el libro *Samuel Beckett en España* (Garre García, 2020). A los investigadores españoles les ha interesado la estética del silencio de Beckett, su poética, la censura de sus obras, las traducciones al español o el estudio de su escritura en comparación con otros autores como Joyce, Ionesco, Arrabal, Nieva o Valente, por mencionar algunos nombres. También se ha prestado atención a la recepción de Beckett en España, con especial énfasis en las representaciones de su teatro en Cataluña. A Beckett se le ha estudiado desde presupuestos de la narratología, la semiótica, la crítica del lenguaje, la estética o la filosofía, pero nunca desde el humor, de ahí la necesidad de que se publicara una colección de ensayos como la que presentamos en este trabajo.

Para la elaboración de este volumen se ha invitado a varios expertos internacionales a que expongan su visión de la risa en Beckett, de forma que se cubran todos los géneros que cultivó a lo largo de su trayectoria: la narrativa, el teatro y la poesía. Con el objetivo de dar a conocer a los lectores en español el tipo de análisis que, en torno al humor, se ha elaborado sobre la obra de Beckett en épocas recientes, el volumen comienza con un importante estudio sobre la ética en el humor de Beckett por parte del profesor Shane Weller, de la Universidad de Kent. Desde estas líneas quiero agradecer la amabilidad del profesor Weller al dar el necesario permiso para la divulgación de este texto, publicado originalmente en el *Journal of Beckett Studies* en 2005. También es obligado reconocer la generosidad de John Pilling, profesor emérito de la Universidad de Reading, al escribir expresamente para este libro un capítulo sobre el humor en los relatos cortos de Beckett. John Pilling es uno de los fundadores de los estudios beckettianos a nivel internacional, autor de más de una docena de obras sobre Beckett, y ha sido además director de la Beckett International Foundation y editor de la mencionada revista *Journal of Beckett Studies*. Los capítulos de Shane Weller y John Pilling, al inicio y al final, respectivamente, de esta selección de ensayos hacen de marco estructural en un foro de ideas en el que especialistas de distintos países exponen su visión sobre el humor en Samuel Beckett. El libro cuenta, además, con un posfacio del profesor John London, de la Universidad Queen Mary de Londres, escrito igualmente para la presente colección a petición de este editor. Hacia el profesor London también van dirigidas mis palabras de profunda gratitud.

El humor en el teatro de Beckett es objeto de estudio de Núria Santamaria Roig, de la Universidad Autónoma de Barcelona, y de Claudia Maria de Vasconcellos, de la Universidad de São Paulo. Seguidamente se estudia el humor en la narrativa del premio nobel irlandés, con ensayos por parte de María Jesús López Sánchez-Vizcaíno, de la Universidad de Córdoba (España), y Manuel Díaz, de la Universidad Nacional de Rosario (Argentina). El profesor de la Universidad de Buenos Aires Lucas Margarit es el encargado de examinar el humor en la poesía de Beckett, mientras que Vanesa Cotroneo, investigadora en la Universidad Friedrich-Alexander, Alemania, estudia los *Diarios Alemanes* de Beckett de 1936-37 y las ramificaciones humorísticas de estos en el conjunto de su obra posterior. La variedad de enfoques en este volumen no hace sino reflejar la complejidad del tema; todas las visiones que aquí se recogen sobre Beckett y el humor son distintas; todas son complementarias, y como editor de esta obra quiero agradecer el trabajo de todos los expertos. Una mención especial merece la ayuda con la traducción del texto de Shane Weller, así como con tareas de edición, de Ángeles Jordán Soriano, de la Universidad de Almería. Soy el responsable de las traducciones al castellano de los capítulos de Claudia Maria de Vasconcellos y de John Pilling, así como del posfacio de John London. Finalmente, el apoyo de PPIT-VAL, Junta de Andalucía-FEDER 2021-2027. Programa 54.A, de la Universidad de Almería, ha sido de gran valor para la elaboración de este libro.

REFERENCIAS BIBLIOGRÁFICAS

ARRABAL, Fernando (1993): *Genios y figuras*, Madrid, Austral.

BECKETT, Samuel (2000): *Obra poética completa*, ed. y trad. Jenaro Talens, Madrid, Hiperión.

BECKETT, Samuel (2015): *Relatos y textos para nada*, trad. José Francisco Fernández, Valencia, JPM Ediciones.

COHN, Ruby (1962): *Samuel Beckett: The Comic Gamut*, New Brunswick, NJ, Rutgers University Press.

COHN, Ruby (1980): *Just Play. Beckett's Theater*, Princeton, NJ, Princeton University Press.

E. R. L. (1965): «Diálogo con Trino Martínez-Trives», en Samuel Beckett: *La última cinta. Acto sin palabras*, Barcelona, Aymá, pp. 125-130.

ESSLIN, Martin (2001) [1961]: *The Theatre of the Absurd*, Nueva York, Vintage.

FEDERMAN, Raymond (1965): «Review of *Samuel Beckett: The Comic Gamut*», en Ruby Cohn, *The French Review* 38(4), pp. 577-579.

GARRE GARCÍA, Mar (2020): «Catálogo de publicaciones académicas sobre Samuel Beckett en España», en José Francisco Fernández (ed.): *Samuel Beckett en España*, Valladolid, Ediciones Universidad de Valladolid, pp. 207-227.

LOCATELLI, Carla (1990): *Unwording the World. Samuel Beckett's Prose Works after the Nobel Prize*, Filadelfia, University of Pennsylvania Press.

LONDON, John (1997): *Reception and Renewal in Modern Spanish Theatre: 1939-1963*, Londres, Modern Humanities Research Association.

NORTH, Michael (2009): *Machine-Age Comedy*, Oxford, Oxford University Press.

PFISTER, Manfred (2001): «Beckett's Tonic Laughter», en Angela Moorjani y Carola Veit (eds.): *Samuel Beckett: Endlessness in the Year 2000. Samuel Beckett Today/Aujourd'hui*, Ámsterdam, Rodopi, pp. 48-53.

RODRÍGUEZ GAGO, Antonia (2006): «Beckett en la escena española: teatro y política», *ADE Teatro* 111, pp. 185-199.

RUIZ RAMÓN, Francisco (1981): *Historia del teatro español. Siglo XX*, Madrid, Cátedra.

SALISBURY, Laura (2012): *Samuel Beckett. Laughing Matters, Comic Timing*, Edimburgo, Edinburgh University Press.

VARELA JÁCOME, Benito (1967): *Renovación de la novela en el siglo XX*, Barcelona, Destino.

ÚLTIMAS RISAS
BECKETT Y LA ÉTICA DE LA COMEDIA

Shane Weller
Universidad de Kent

ARMAR LA MENTE DE RISA

Que la comedia iba a desempeñar un papel importante en la producción literaria de Samuel Beckett era evidente desde la página inicial de su primera novela, *Sueño con mujeres que ni fu ni fa* (escrita entre 1931 y 1932). En la primera etapa de composición, Beckett describió *Sueño* como su «comedia alemana»,[1] y no solo se invoca ahí reiteradamente al célebre payaso suizo Grock, sino que también se le identifica como el «fiel filósofo» de Belacqua, el aspirante a escritor protagonista de la novela (Beckett, 1992: 136).[2] No obstante, desde el principio Beckett pone en duda la mera posibilidad de que haya una relación «fiel» en el arte del payaso. El aspecto más obvio de este arte tan proclive a la paradoja radica en el hecho de que, en el mejor de los casos, es un tipo de arte que debe aparentar no ser arte en absoluto. No obstante, con los payasos de Beckett la distinción entre un arte disfrazado de torpeza y la pura ingenuidad tiende a volverse cada vez más difícil de observar. Por un lado, sus payasos parecen simples víctimas, siendo su sufrimiento cómico el elemento concomitante, totalmente inesperado, del deseo a ciegas. Por otro lado, ese sufrimiento puede parecer en sí mismo el objeto de algo que nunca es

---

1. «Estoy escribiendo la Comedia Alemana de una forma muy desigual, a ratos» (carta a Thomas MacGreevy, 29 de mayo de 1931; citado por Pilling, 1997: 56).
2. Grock (Charles Adrien Wettach, 1880-1959) pasó del circo al escenario (en Berlín) y, junto con Antonnet, tuvo su primera oportunidad en Londres en 1911. Sus meteduras de pata con el piano y el violín, típicas de un bobalicón, se hicieron muy populares. Escribió varios libros, entre ellos *Die Memoiren des Königs der Clowns* (1956). Para referencias sobre Grock en *Sueño*, véanse pp. 9, 115, 136, 173, 204 y 237.

una pulsión masoquista sin más, como si el payaso fuera una víctima omnisciente en grado sumo, alguien para el que un giro cómico es, de todas, la eventualidad que más se anticipa, y que además sueña con dominar el arte de la torpeza, convirtiendo las lágrimas propias en la risa del otro.

A lo largo de la primera página de *Sueño*, un joven Belacqua aparentemente ingenuo y aún con energía pedalea furiosamente a través de un paisaje que parece sacado de Proust (un «friso que forman los espinos») en busca no de una *jeune fille en fleur* sino de un caballo que tira de una carreta. Encuentra el objeto de su persecución haciendo de vientre delante de sus ojos, como para castigarlo por un deseo que sufre y que a la vez causa sufrimiento y que, además, como sugieren las obras posteriores de Beckett, está ligado al nacimiento, la muerte, el sexo y la neurosis: «¡Anda y dale un latigazo, cochero, métele un mamporro, endíñale un sopapo, pégale una galleta a ese gordo patizambo! Se le quedó tiesa la cola al arquearse, como un súbito azacaneo de plumas, ahuecándose para soltar un chorreo de cagajones. ¡Ah...!» (Beckett, 1992: 11).[3] En ese cambio brusco de una voz a otra, de un estilo a otro, y a su vez, de un ritmo a otro, es donde emerge lo cómico bajo la forma de lo que, mucho más tarde, Beckett denominará «palabra de mierda».[4]

Es entonces, al inicio de *Sueño*, cuando Belacqua parece actuar como si fuera un ejemplo de víctima-payaso puramente involuntario, un objeto beckettiano, una figura que aún tiene que extraer arte de la torpeza. Unos años más tarde, en «Yellow», la penúltima historia de *More Pricks Than Kicks*, Beckett hace que Belacqua intente pasar de ser un payaso involuntario (o natural) a un payaso consciente (o artístico), depositando esta vez su fe no solo en Grock y en los payasos rusos Bim y Bom, sino también en el «filósofo que ríe», Demócrito de Abdera,[5] a quien libera de su doble, Heráclito, el lacrimoso presocrático. El objetivo de Belacqua es sacar provecho de lo cómico y tenerlo a su disposición, haciendo del humor un recurso, un refugio o incluso una defensa contra lo peor que pueda acontecer. Así, se resistirá frente a todo binomio reversible de lo cómico y lo trágico, la risa y el llanto. Sin embargo, la siguiente escena se estructura como una

---

3. Se ha acudido, para la traducción española de esta novela, a la versión de José Francisco Fernández y Miguel Martínez-Lage *Sueño con mujeres que ni fu ni fa*, p. 11 (véase bibliografía) [N. del T.].

4. «Palabra de mierda» (*wordshit*) es la traducción por parte de Beckett del francés *fatras* ('revoltijo', 'maraña') en el noveno de sus *Textos para nada* (Beckett, 1995: 137).

5. En *Greek Philosophy* (1914), una de las obras de las que Beckett tomó notas a comienzos de los años treinta, John Burnet observa que Horacio fue el primero en caracterizar a Demócrito como «el filósofo que ríe» (Burnet, 1914: 194, n. 1).

secuencia de inversiones, sin duda cargadas de ironía, pero no tan claramente diferenciadas como cómicas o trágicas, democricianas o heraclíteanas:

> También en esto, al igual que en todo el busilis de la aventura, sacrificó el sentido de lo más propio y personal a la conveniencia de causar determinada impresión en los demás, una impresión casi de gallardía. Tiene que dejarse a sí mismo a un lado y jugar al soldadito. Esta suprema consideración fue la que hizo decidirse en favor de Bim and Bom, Grock, Demócrito, o comoquiera que quieran llamarlo, y posponer su lóbrego discurso para una ocasión menos pública. Abnegación, podríamos llamarle a esto, porque Belacqua no podía resistirse a un filósofo lacrimógeno y menos aún si, como en el caso de Heráclito, era, además oscuro. Bañado en lágrimas se encontraba en su elemento, y con todo lujo si eran provocadas por un presocrático de reconocida distinción (Beckett, 1970: 176).[6]

De esta forma, en este relato temprano, lo cómico se trata, de manera bastante explícita, como una forma de autonegación. Llevar la máscara de la comedia equivale, para Belacqua, a pensar en el otro a costa de lo que es «único y apropiado» para uno mismo. Se trata de «anular» el yo, negar lo que le corresponde de forma más natural, y hacerlo así por miedo a ser malinterpretado, por miedo a parecer un cobarde («yellow») a ojos de los demás.

> Pero llorar en aquel osario habría sido tergiversar las cosas. Todo el personal, desde la directora al ascensorista, cometería el error de atribuir sus lágrimas o, más exactamente, su trágico proceder, no a los humanos desatinos que, por supuesto, trataban de ocultarse, sino más bien al tumor, grande como un ladrillo, que tenía en el cogote [...] Así que estaba claro lo que tenía que hacer. Armaría su mente de risa, risa que no es exactamente la palabra, pero tendría que servir, en todo momento, y entonces admitiría la idea y la volaría en pedazos (Beckett, 1970: 176-177).

Al imaginarse el hospital como un osario, el objetivo de Belacqua es dominar el principio mismo de la reversibilidad (que no hay que confundir con la alternancia) que rige el arte de la comedia, del mismo modo que también rige el de la tragedia. Y, sin embargo, a medida que se desarrolla la historia, es precisamente esta reversibilidad la que se burla de él a través del (catastrófico) giro final en medio

---

6. Las citas del relato «Yellow» están tomadas de su traducción al castellano («Amarillo de miedo») en el libro *Belacqua en Dublín*, en versión de Víctor Pozanco, pp. 148-149 (véase bibliografía) [N. del T.].

de un estallido de exclamaciones que sería arriesgado identificar como cómico o trágico, puesto que la reversibilidad que rige estos géneros también estructura la relación entre ambos. El intento de Belacqua de ponerse al lado de lo cómico frente a lo trágico termina en la muerte, y más concretamente en una muerte provocada por la incapacidad de los demás para escuchar su corazón; o lo que es lo mismo, una incapacidad para escuchar a ese otro yo interior, sobre el cual él, anticipando al arrítmico Murphy, no puede ejercer dominio alguno:

–¡Cristo que si había muerto!
Sencillamente, olvidaron auscultarle (Beckett, 1970: 186).

Al optar por la máscara cómica en lugar de la trágica, lo que sería (para él) más lógico, Belacqua se prepara, o lo preparan, para la muerte. «Yellow» se convierte, entre otras cosas, en la historia del fracaso de dominar lo cómico, un fracaso a la hora de superar una cierta ingenuidad que prepara a alguien para su caída, incluso cuando uno es lo suficientemente astuto para tratar de incluir lo cómico en el conjunto. Es como si lo cómico se estuviera vengando de Belacqua por pensar que puede dominarlo asumiendo su máscara o su apariencia. Aunque está convencido de que puede adoptar únicamente lo cómico –«armar su mente de risa»–, lo cómico acaba burlándose de él. De hecho, este relato temprano sugiere que al tratar de dominar lo cómico se entra en un reino gobernado por el principio de reversibilidad que puede hacer cómico lo trágico, tal y como puede hacer trágico lo cómico, y que esto puede realizarse mediante la brusca literalidad: tras ser ridiculizado como un osario, el hospital se convierte en eso exactamente. La literalidad, lo ostensiblemente cómico, a menudo tomará esta forma en Beckett, hasta que la propia distinción entre lo literal y lo figurativo se vuelva confusa. Por ejemplo, en «Yellow», lo que sería el giro cómico en sí de Belacqua se vuelve contra él y lo golpea. Él confía en la aparente asimetría de la relación entre lo cómico y lo trágico que John Donne propone en una de sus *Paradoxes and Problems*, citada en «Yellow»: «Y así, entre los más sabios, sin duda hallaremos a muchos que se ríen de las lágrimas de Heráclito, pero a ninguno que llora por la risa de Demócrito» (Beckett, 1970: 175).[7] Esta paradoja sugiere que lo cómico es la apuesta más segura. Sin embargo, «Yellow» se erige como una evidencia temprana de que con Beckett este no será necesariamente el caso. Esta historia corta también sugiere que, en manos de Beckett, lo cómico va a ser un arte que desafíe la decisión, la intención y el dominio, un arte que además

---

7. Paradoja VII: «That a wise man is knowne by much Laughinge».

dé la vuelta a lo ya revertido, lo que hace que sea particularmente difícil determinar quién –si es que podemos hablar de alguien– reirá el último, y cuál podría ser la naturaleza de estas últimas risas. Como se verá más adelante, sin embargo, nada de eso ha impedido que los críticos busquen apropiarse de lo cómico en Beckett, intentando hacerlo siguiendo la más inequívoca de todas las éticas posibles.

VARIACIONES DE LO CÓMICO (1): EL REGRESO DEL CUERPO ABYECTO

Lo cómico, o más concretamente, lo que se asemeja a lo cómico, como la olla en *Watt* se asemeja a una olla de verdad, adquiere muchas formas en la producción artística de Beckett, tanto en el terreno visual como en el verbal, como si no hubiera solo una comedia del cuerpo y una comedia de la mente, sino también una comedia sobre el estar dividido en cuerpo y mente, sobre el estar dividido al menos en dos tipos de comedia. Mucho de lo manifiestamente cómico en Beckett parece encajar claramente dentro de la definición que Bergson (1999) da de lo cómico como un lapso de lo vivo en lo mecánico, aunque en Beckett este tipo de comedia se intensifica y se complica a partes iguales debido a los propios defectos de lo mecánico. De hecho, su presentación del cuerpo como una máquina que falla a menudo no adopta tanto la forma de lo que Freud (1960) llama «la comedia del movimiento», sino lo que podría denominarse el fallo repetido de la comedia del movimiento.

Como los expertos han observado a menudo, gran parte de la comicidad en las primeras obras de Beckett pertenece a una tradición cómica que resulta muy familiar: las caídas y las acciones que se repiten recuerdan a las del circo y las del vodevil, incluyendo la rutina de intercambiar sombreros, los pantalones que se caen y los cuerpos que colapsan en *Godot*; las acciones repetidas con la escalera de mano y el telescopio en *Fin de partida*, o Krapp resbalándose sobre la piel de plátano que él mismo ha tirado en *La última cinta*. Sin embargo, en las obras de su última etapa, el cuerpo funciona de manera bastante distinta. En *Pasos* y en *Quad*, por ejemplo, el movimiento ha llegado a ser obsesivamente repetitivo, impecable en su forma y en absoluto cómico en sentido tradicional. Este giro hacia el cuerpo inorgánico, espectral, viene precedido, no obstante, por la experiencia del cuerpo abyecto en la prosa temprana de Beckett, y particularmente en la trilogía de la posguerra. Este cuerpo abyecto es una alteridad que marca la finitud de la mente, pero no es una alteridad sin más por ser un objeto. Como apunta Julia Kristeva en *Powers of Horror*, «Lo abyecto no es el objeto (*ob-ject*) al que me enfrento, que yo nombro o que imagino. Tampoco es un objeto de burla (*ob-jest*), una otredad que se escapa continuamente en una búsqueda sistemática del deseo [...] Lo abyecto guarda solo una cualidad con el objeto, el hecho de estar enfrentado al *yo*» (1982: 1). La relación del sujeto con el cuerpo abyecto es, por tanto, de un antagonismo esencial. Ni se trata de una coexistencia pacífica con lo indiferente ni es una relación dialéctica y dinámica, en el sentido de que se pueda llegar a una eventual síntesis de sujeto y objeto. Si el cuerpo abyecto es hostil, nunca es del todo ajeno, no solo porque ofende las convenciones de una sociedad refinada que apenas se deja ver en las obras de Beckett, sino también porque la mente tiene que enfrentarse constantemente a su propio fracaso para dominar al cuerpo.

En Beckett, el cuerpo abyecto es el cuerpo del payaso, pero se trata de un cuerpo en desintegración, hecho añicos, que desafía el poder del pensamiento, al que no obstante está atado, y que obedece solo al principio de descomposición. En su indomabilidad desintegradora, este cuerpo es algo repugnante, y si hay pantomima en Beckett, se trata de una pantomima cargada de repulsión. Teniendo en cuenta esta repulsión, que en las obras primeras de Beckett se dirige al cuerpo femenino en particular, sería difícil, si no imposible, afirmar que al cuerpo se le asigna un valor o que constituye un lugar de resistencia política o ética. A pesar de muchas similitudes aparentes, sería bastante ingenuo afirmar que existe una relación estrecha entre el cuerpo abyecto en Beckett y el cuerpo grotesco que defiende Bajtín[8] en su estudio sobre Rabelais. De acuerdo con Bajtín, el cuerpo rabelesiano ríe y hace reír, es intrínsecamente transgresor, forzando conexiones entre ámbitos que la ideología dominante mantiene apartados; está «sin terminar, crece más de lo que puede, transgrede sus propios límites. El acento recae en aquellas partes del cuerpo que están abiertas al mundo exterior, es decir, aquellas partes a través de las cuales el mundo entra en el cuerpo o en las que sale de él, o a través de las cuales el cuerpo se enfrenta con el mundo» (1984: 24). Para Bajtín, en este cuerpo grotesco, que ríe y que a su vez provoca la risa, es donde se genera una resistencia radical a la cultura oficial. Ejerce su función dentro de esta forma carnavalesca y grotesca que consigue liberarse de toda normatividad, «de los puntos de vista que prevalecen sobre el mundo, de las convenciones y de las verdades establecidas, de los clichés, de todo lo que es aburrido y que se acepta de forma universal» (1984: 34).

---

8. En esta traducción se ha mantenido la grafía habitual en castellano para referirse al pensador ruso Mijaíl Bajtín, aunque en la bibliografía final aparece con su forma habitual en inglés, Mikhail Bakhtin [N. del T.].

Si el cuerpo abyecto beckettiano es la otredad reprimida del cuerpo oficial, no posee el mismo poder de resistencia a lo oficial o a lo normativo que Bajtín reclama para el cuerpo rabelesiano, aunque solo sea porque las criaturas de Beckett sueñan con negarlo. Y, sin embargo, a pesar de este sueño, estudios recientes sobre Beckett han reafirmado repetidamente su valor. Por ejemplo, cuando Simon Critchley (2002) discrepa de la «romantización y la heroicidad» de orden político del cuerpo grotesco en Bajtín, e insiste en que el cuerpo resultante no es uno con el que nos podamos identificar del todo («tenemos» en lugar de «somos» nuestros cuerpos), opina que el cuerpo abyecto en Beckett señala la finitud de lo humano de una forma que nos libera del sueño de la trascendencia, lo que viene a ser una liberación del sueño inmoral del dominio absoluto. Si Beckett insistía en que su trabajo era «una cuestión de sonidos fundamentales (sin intención de hacer un chiste)»,[9] lo cómico debe buscarse precisamente ahí donde se excede el dominio de las intenciones, ya sean paronomásticas o de otro tipo. En *Molloy*, por ejemplo, el pedo no es una más de las formas que indican el retorno de lo corporal; es el signo del cuerpo abyecto como algo esencialmente excremental, en el cual el espíritu (*pneuma*) se ha transformado en otro tipo de gas. Como ocurre con la «palabra de mierda» (*wordshit*), la literatura en sí misma se transforma en un cuerpo abyecto.

Sin embargo, entre las cosas que cualquier defensa de lo abyecto en Beckett debe dejar de lado están las siguientes: el sueño de la incorporeidad que se repite a lo largo de su obra; una alterificación completa del cuerpo, más allá de toda espectralidad; el alejamiento de lo abyecto en las obras posteriores, y el movimiento hacia lo que podría llamarse lo póstumo, cuando no solo el cuerpo cómico dejaría de ser cómico, sino que la reversibilidad misma de lo cómico y lo trágico, y viceversa, estaría sujeta a una completa desintegración.

VARIACIONES DE LO CÓMICO (2): LA «SINTAXIS DE LA DEBILIDAD» DE BECKETT

Como Ruby Cohn demostró por primera vez en *Samuel Beckett: The Comic Gamut*, las muchas formas visuales y físicas de lo cómico en las obras de Beckett se complementan con una gama extremadamente amplia de tipos de discursos, desde la narración aparentemente deliberada de chistes, hasta las innumerables

---

9. Carta a Alan Schneider, 29 de diciembre de 1957 (en Harmon, 1998: 24).

confusiones y malentendidos, los juegos de palabras, los elementos anticlimáticos y las ironías, todo ello incluido en la categoría más amplia de la «sintaxis de la debilidad» de Beckett.[10] No obstante, que la función exacta de esta sintaxis pueda resultar difícil de determinar se hace evidente en el momento en el que uno considera la que posiblemente sea la forma de humor verbal más reconocible, el chiste, o para ser más precisos, lo que en *Fin de partida* se denomina una «historia divertida» (*bonne histoire*) (Beckett, 1990: 101).

Según Cicerón,[11] en el Libro II de su *De Oratore* (1959), el tipo de chiste más común funciona a través de la generación de una expectativa, seguida de su decepción. Sin embargo, para que un chiste sea reconocido como tal, uno no puede simplemente sorprenderse porque no llegue lo esperado; más bien, hay que esperar que lo esperado no llegue y, al mismo tiempo, sorprenderse por la forma particular que toma esa no llegada. Es precisamente la puesta en escena por parte del narrador del acto de contar un chiste, junto con el respeto por su esquema general o el género del chiste, lo que alerta al oyente para que espere esta no llegada. En Beckett este juego, ya complicado de por sí con la expectativa y su decepción, se radicaliza de distintas formas, incluyendo chistes a expensas del género mismo del chiste y la repetición de chistes que hacen que la relación entre lo esperado y su decepción sea un desafío al pensamiento mismo.

Empecemos con una «historia divertida» que no se cuenta del todo: en *Godot*, el público nunca escucha el final de la historia del inglés en el burdel, que tanto en su forma como en su contenido podían asignarse a uno de los tipos más comunes de chiste. Aquí, en el «nada nuevo» de Beckett, la no finalización de este chiste se debe, paradójicamente, a que ya ha sido contado. Si Estragón desea escuchar cómo Vladimir cuenta la historia, es en parte porque ya la conoce, o al menos la conocía. Sin embargo, no contarla correctamente no es el único aspecto inesperado, incluso si este fracaso anticipa el fracaso reiterado de Godot al no llegar, ya que hay una especie de chiste (o al menos se juega con esa expectativa) a expensas de Vladimir en el hecho de que Estragón da la impresión de estar a punto de contar la historia, solo para imponerle la responsabilidad al otro:

---

10. Esta frase se le atribuye a Beckett por parte de Lawrence Harvey (1970: 249). Véase también Ricks en lo referente a la «sintaxis de debilidad» de Beckett (1993: 82).

11. En esta traducción se ha mantenido la grafía habitual en castellano para referirse al filósofo romano Cicerón, aunque en la bibliografía final aparece con su forma habitual en inglés, Cicero [N. del T.].

ESTRAGÓN: [...] ¿Conoces la historia del inglés en el burdel?
VLADIMIR: Sí.
ESTRAGÓN: Cuéntamela.
VLADIMIR: Basta.
ESTRAGÓN: Un inglés en estado ebrio fue a un burdel. La dueña le preguntó si quería una rubia, una morena o una pelirroja. Continúa.
VLADIMIR: ¡Basta! (Beckett, 1990: 17-18).[12]

Si hay humor aquí, en el hecho mismo de que el chiste no llegue a contarse y en el deseo de Estragón de que le cuenten un chiste que ya parece saber, y por lo tanto del cual (según Freud, al menos) no puede obtener ningún placer, también hay sufrimiento y, de hecho, se hace sufrir a alguien: Vladimir no desea contar la historia ni tampoco oírla contar.

Sin embargo, ¿qué pasa con la «historia divertida» que sí se cuenta, a pesar de la resistencia del otro, como es el caso de la historia del sastre que relata Nagg en *Fin de partida*? En el texto en inglés, Nagg parece comenzar con una pregunta: «¿Quieres que te cuente la historia del sastre?» (*Will I tell you the story of the tailor?*) (1990: 101). Pero esto, ciertamente, queda reducido a algo que no llega a ser una pregunta, porque Nagg ignora la respuesta inmediata de Nell: «No». En el inglés de Irlanda, al usar «Will I tell you...?», en lugar del inglés de Gran Bretaña «Shall I tell you...?», que a su vez es la traducción de una afirmación del francés, «Je vais te raconter l'historie du tailleur», Beckett introduce la posibilidad de que Nagg no esté pidiendo permiso a la otra persona, sino que esté especulando sobre lo que va a suceder, más allá de lo que opine él mismo o la otra persona. Así se presenta lo inesperado, en esa pregunta que no es del todo una pregunta, con lo cual la posibilidad de contar la «historia divertida» se introduce en la traducción.

La historia en sí se identifica como una que ya ha sido contada anteriormente: «Deja que te la cuente de nuevo» –una petición que no es exactamente una petición, en la traducción de algo mucho más agresivo: «Écoute-la encore»–. Y si la narración de esta historia es una repetición, es muy dramatizada, una pequeña obra dramática dentro de la propia obra. Nagg adopta no solo la voz diegética del «raconteur», sino también las voces miméticas del cliente y del sastre. Por todo eso, referirse a esta historia como una pequeña obra dramática dentro de la obra es un poco engañoso, ya que el «Deja que te la cuente de nuevo» de Nagg nos remite a un relato anterior o un relato que sigue siendo inédito y por tanto no se ubica

12. Traducción tomada de *Esperando a Godot*, en versión de Ana María Moix, p. 132 (véase bibliografía) [N. del T.].

propiamente ni dentro ni fuera de la obra. Si está dramatizada, la historia también se desdramatiza al ser interrumpida, se arranca al oyente de ese pequeño mundo secundario del sastre y del cliente, para recordar que tanto el relato como lo que se cuenta y lo que se ha contado son una repetición, y que la repetición aquí implica degradación: «[*Pausa. Con voz normal*]. Nunca la he contado tan mal. [*Pausa. Apesadumbrado*]. Cada vez la cuento peor» (1990: 102). Este principio de exacerbación rige no solo la narración del chiste, sino también su efecto. Nagg afirma que la risa de Nell cuando navegaban juntos en el lago Como no se debía (como dice ella) a la felicidad, sino más bien a su historia, y que la risa resultante casi acaba en tragedia:

> NAGG: Reíste de tal modo que casi volcamos. Podríamos habernos ahogado.
> NELL: Me sentía feliz, fue por eso.
> NAGG: [*Indignado*]. No, no, fue por mi historia, no por ninguna otra cosa.
> ¡Feliz! ¿O es que no te ríes cada vez que la cuento? ¡Feliz! (Beckett, 1990: 102).

«¿O es que no te ríes cada vez que la cuento?»: no es que Nell niegue que otras veces su risa la causara la historia de Nagg, es que ella *ni siquiera* se ríe cuando le cuentan la historia de nuevo. Por el contrario, las risas que oímos en el escenario no son naturales ni son fruto de la felicidad, cualquier cosa excepto algo natural, siendo el propio Nagg, no Nell, el que se ríe aquí con una risa tan falsa y tan forzada como la historia que la ha precedido: «*Pausa. Mira a Nell, que ha permanecido impasible y con los ojos vacíos, rompe a reír de manera forzada, para en seco, gira la cabeza hacia Nell, comienza a reír de nuevo*» (1990: 103). La impasibilidad de Nell y su ceguera son signos de una huida hacia un mundo en el que queda excluida la risa exagerada y forzada de Nagg, un mundo perteneciente al pasado en el que la pureza del lecho del lago («Tan blanco») es en sí misma una señal de la muerte hacia la cual su risa, provocada (insiste) por la felicidad, podría haberlos llevado. Y si hay aquí algún desacuerdo sobre la causa específica de esta risa –¿sería por la felicidad de Nell o por la «historia divertida» de Nagg?– también lo hay con respecto a la procedencia de la risa:

> NELL: ... Nada tan divertido como la desgracia, te doy la razón. Pero...
> NAGG: [*Escandalizado*]. ¡Oh!
> NELL: Sí, sí, es lo más cómico del mundo. Y nos reíamos, nos reíamos con ganas, al principio. Pero siempre es lo mismo. Sí, es como la historia graciosa que nos cuentan con demasiada frecuencia, la encontramos siempre graciosa, pero ya no reímos (1990: 101).[13]

13. Traducción tomada de *Fin de partida*, trad. Ana María Moix, p. 221 [N. del T.].

El chiste, la historia divertida, la desgracia: en cada caso, la risa provocada se va marchitando con cada repetición, incluso si (según Bergson) la repetición puede provocar risa también y, de hecho, caracterizar la propia risa.[14]

Los chistes que no acaban de contarse, los chistes que sí se cuentan, que se imponen a los demás, pero que ya se han contado otras veces y que no provocan una risa que no sea la que ha hecho el narrador «de manera forzada»: estas historias «divertidas» pertenecen a la amplia categoría que denominamos «sintaxis de la debilidad» en Beckett. Otra forma de esta sintaxis es la frase que pierde su rumbo y su energía, y no es que acabe con un anticlímax, sino también en la nada de «no importa», como se lee en *El innombrable*: «Podría darse el caso, si es que en mi situación podemos hablar de casos, de que no solo tenga que hablar de cosas de las que no puedo hablar, sino también, lo que es todavía más interesante, que tenga que, se me ha olvidado, no importa» (Beckett, 1959: 294). Aunque Cohn identifica el tono de *El innombrable* como tragicómico (1962: 139), es precisamente la desintegración del más híbrido de los géneros lo que se representa aquí. Sin embargo, una forma mucho más común de la «sintaxis de debilidad» de Beckett que la oración que pierde su ímpetu, es la afirmación cuya autoridad se debilita o incluso se contradice con una o más oraciones calificativas (la figura retórica de *correctio*). De hecho, la trilogía de la posguerra es un ejemplo casi incesante de tal retórica: «Parece que hablo, no soy yo, sobre mí, pero no es sobre mí... No estaré solo, al principio. Por supuesto estoy solo. Solo. Qué pronto se dice eso» (Beckett, 1959: 293). Este principio de autocorrección puede extenderse más allá de una frase o enunciado anterior para abarcar una narración completa, como es el caso de Moran cuando termina su informe negando la verdad de su comienzo: «Es medianoche. La lluvia golpea los cristales. No era de noche. No estaba lloviendo» (Beckett, 1959: 176).

Las obras de Beckett llevan a cabo una hiperbolización mucho más radical de la *correctio*, un procedimiento en donde nada queda intacto. Es por esta razón por la que el aislamiento de cualquier declaración tiene como resultado su desfiguración. De hecho, citar a Beckett es negar el proceso mismo de autocorrección en el cual hacer cualquier afirmación es arriesgado. Es asumir que un enunciado puede ser sustraído de su contexto, aun cuando los límites de ese contexto sean precisamente lo que el texto esté cuestionando. Entre las declaraciones que sufrirían una notable desfiguración al ser aisladas como verdades fundamentales en las obras de

---

14. «La risa es simplemente el resultado de un mecanismo creado en nosotros por la naturaleza, o lo que es casi lo mismo, por nuestra extensa familiaridad con la vida social» (Bergson, 1999: 177).

Beckett, ninguna es tan relevante para el tema de la comedia como el «Nada tan divertido como la desgracia» de Nell, que según ella proviene del otro: «Te doy la razón», aunque la respuesta del otro (la sorpresa de Nagg con su «¡Oh!») indique más bien otra cosa. Si esta declaración ha servido como fundamento para una teoría del humor ético en Beckett, ha sido así porque se ha sacado del contexto en desintegración que pone en tela de juicio la ética de todo humor.

ANALIZANDO SANDECES: LO VOLUNTARIO Y LO INCONSCIENTE

Si bien la *correctio* se encuentra entre las más importantes características retóricas de la «sintaxis de la debilidad» de Beckett, hay otra característica, la «sandez», que obedece no ya al principio racional subyacente a la *correctio*, sino a un principio que se encuentra entre la autocontradicción flagrante y la paradoja radical. En su *Biographia Literaria* (1817), Coleridge define la sandez como «juntar dos pensamientos incompatibles, produciendo la sensación, no el sentido, de que están unidos» (1907: 52n). En otras palabras, la sandez es en sí misma un ejemplo de lo que en *The Unnamable* se denomina la «pseudopareja» (Beckett, 1959: 299): elementos incompatibles unidos por la sensación, pero no por el sentido. Sin embargo, incluso en el caso de que la sandez sea absurda, como afirma Coleridge, esto no significa necesariamente que sea insignificante o que carezca de significado. Más bien, existe la posibilidad de que tenga un sentido más allá de lo racional. Además, si constituye una pseudopareja de pensamientos incompatibles, será en sí misma parte de una pseudopareja... con el ingenio.

Como observa Christopher Ricks, entre todas las sandeces de la obra de Beckett quizá no haya ninguna más reveladora que la simple frase «Nada es más real que la nada». Esta sandez en particular, la llamada paradoja atomista, aparece por primera vez en *Murphy*, donde se atribuye explícitamente a Demócrito (el «filósofo que ríe»): «La Nada, como solía decir el de Abdera entre grandes risas, no hay nada más real» (Beckett, 1938: 246). En sus notas sobre Demócrito de principios de la década de 1930, actualmente en el Trinity College, Dublín,[15] Beckett glosa fielmente la frase «Nada es más real que la nada» en el sentido de que, simplemente, no ser es tan real como ser: la paradoja atomista de Demócrito sostiene que ser consiste en átomos (*atomoi*, o indivisibles) y vacío (*apeiron*, o lo ilimitado), y que el vacío,

---

15. Véase Trinity College Dublin MS 10967.

de hecho, no es menos real que los átomos. Las notas de Beckett sobre los presocráticos proceden de una variedad de fuentes, incluida la *Historia de la filosofía*, de Wilhelm Windelband, y la *Filosofía griega, 1.ª parte, de Tales a Platón*, de John Burnet. En *Demented Particulars*, Chris Ackerley argumenta que la frase de Beckett «parece ser una síntesis de Diels y Diógenes Laercio, tomadas de dos párrafos en Burnet» (2004: 198). Sin embargo, la particular redacción de la paradoja atomista, tanto en las notas de Beckett como en *Murphy*, está, de hecho, tomada de la *Breve historia de la filosofía*, de Archibald Alexander, que es la única de estas obras que incluye la expresión «la nada» en la formulación de la teoría atomista:

> Aristóteles, en su crónica de los primeros filósofos, dice, «Leucipo y Demócrito asumen que el "todo" y el "vacío" son elementos. Al primero le llaman ser y al segundo no ser. De ahí que afirmen que el no ser existe al igual que el ser». Y, según Plutarco, el propio Demócrito se dice que dijo, «no hay nada más real que la nada» (1922: 38-39).

Lo radical de la paradoja de la frase –que separa la nada de sí misma, abre un vacío en ella, incluso al postular la nada como aquello que está más allá de toda afirmación y negación– y lo apropiado que resulta el que se transmita en el espacio vacío de una risotada del filósofo que ríe, se activa únicamente cuando la hallamos en la ficción de Beckett. Una vez dicho esto, no es en *Murphy*, sino en *Malone muere*, donde se identifica la amenaza que representa para el pensamiento esta sandez en particular: «Me conozco esas pequeñas frases que parecen tan inocuas y que, una vez que las dejas pasar, contaminan todo lo que uno dice. Nada es más real que la nada» (Beckett, 1959: 193) o en francés en el original, «Rien n'est plus réel que rien» (Beckett, 1951: 30). Frases así «surgen del pozo y no descansan hasta que te arrastran hasta su oscuridad» (1959: 193). En el curso de la trilogía, y a pesar de todas las precauciones del que dice estar «en guardia» (1959: 193), esa oscuridad va creciendo al tiempo que la comedia se hace menos evidente, de manera que hacia el final de *El innombrable* la *correctio* no solo se ha convertido en la forma misma de la desintegración, sino que también la «sintaxis de la debilidad» de Beckett en su conjunto está mucho menos alineada con lo cómico que en sus obras anteriores: «Estoy en las palabras, hecho de palabras, de las palabras de otros, qué otros, también del lugar, el aire, las paredes, el suelo, el techo, todo palabras [...] y nada más, sí, algo más, que soy algo muy distinto, una cosa bastante distinta, una cosa sin palabras en un sitio vacío» (1959: 390). Aquí, el narrador está siendo arrastrado hacia una oscuridad que amenaza con eliminar todo rastro de comedia.

Sin embargo, a pesar de este oscurecimiento o este debilitamiento del vínculo entre la sandez y lo cómico, Ricks no solo identifica la sandez como la forma más importante de la «sintaxis de la debilidad» de Beckett, sino que también insiste en su valor ético-político. Al reflexionar sobre las diversas definiciones de sandez, observa que, según el *Oxford English Dictionary*, la inconsistencia o el absurdo de la sandez es que «no se percibe por el hablante», y que, según el *Dictionary of Phrase and Fable* de E. Coham Brewer, también es involuntaria. Por lo tanto, en ambos casos se piensa que la sandez, simplemente, no es intencionada. Samuel Johnson, sin mojarse del todo, la define como un «error» (por lo tanto, accidental), y como una «contradicción» que bien podría ser intencionada. Ricks, por el contrario, argumenta que las mejores sandeces, es decir, aquellas con «poder de penetración» (1993: 190), son variantes de lo absurdo que no han sido identificadas como intencionadas ni como no intencionadas, ocurrentes o no. Mientras que el chiste (según Freud) tiene que partir de una intención de bromear claramente identificada, una sandez es ese tipo de humor verbal que, en el mejor de los casos, deja abierta la cuestión de la intencionalidad. Ricks continúa identificando las formas en las que se puede utilizar este poder, ya sea como arma de opresión o como arma de resistencia a la opresión. Sin embargo, para que la sandez se convierta en lo que él llama un «recurso» para quienes luchan contra la opresión y, a su vez, para quienes oprimen, el hecho de que se sitúe entre lo consciente y lo inconsciente, entre lo pretencioso y lo simple, entre lo intencional y lo involuntario, tiene que desaparecer: «La sandez es el recurso de un pueblo bajo presión, oprimido o suprimido, un pueblo que en tales ocasiones fingen estar *subordinados ellos mismos por la estupidez* para poder así mantener vivo, secretamente, el respeto a sí mismos y ser insumisos, e incluso algo provocativos» (1993: 193, el énfasis es nuestro). En tal caso, solo si podemos saber que se está fingiendo, la sandez podría convertirse en un recurso para los oprimidos. Y, sin embargo, en cuanto se vuelve identificable como recurso, en cuanto la tenemos a nuestra disposición y se domina por el conocimiento, y puede decirse que es una ingenuidad fingida, la sandez pierde inmediatamente su poder. Y, no obstante, sin ese conocimiento, el valor ético de la sandez debe permanecer en entredicho.

LA ÉTICA DE LA RISA PURA

Critchley intenta desarrollar el razonamiento que hace Ricks sobre lo cómico como recurso ético en Beckett, al tiempo que defiende la deconstrucción frente a las críticas de Ricks en las últimas páginas de *Beckett's Dying Words*. Critchley basa su razonamiento en lo que ha resultado ser la teorización más influyente de lo cómico en el conjunto de la obra de Beckett. El fragmento en cuestión forma parte de la «breve declaración» de Arsene en *Watt*, en donde la risa se subdivide en tres clases: ética, intelectual y dianoética:

> La amarga, la hueca y la –¡ja!, ¡ja!– la seria. La risa amarga se ríe de lo que no es bueno, es la risa ética. La risa hueca se ríe de lo que no es verdad, es la risa intelectual. ¡De lo que no es bueno! ¡De lo que no es verdad! Bueno, bueno. Pero la risa seria es la risa dianoética, la que sale por el hocico, ¡ja!, eso es. Es la risa de las risas, la *risus purus*, la risa que se ríe de la risa, la contemplación y el saludo que se hace al chiste más elevado, en una palabra, la risa que se ríe (silencio, por favor) de la desdicha (Beckett, 1963: 47).[16]

Menos conocida es una definición de los mismos tipos de risa que aparece un poco antes, donde se dice que son «sucesivas excoriaciones del entendimiento», el «paso de la menor a la mayor, de la más baja a la más alta, de la exterior a la interior, de la basta a la refinada, de la materia a la forma» (1963: 46). La «risus purus», o risa pura, es por tanto la risa del espíritu en su separación absoluta de la materia. Es una risa autorreflexiva, autoconsciente y autoparódica. Pertenece a los confines de esa mente pura que ya estaba teorizada en *Sueño* y en *Murphy*.

Al asociar esta risa pura y autorreflexiva con la «sintaxis de la debilidad» tan tentativa de Beckett, Critchley la identifica como ética pues no se produce a expensas del otro: «... el objeto de la risa es el sujeto que ríe» (Critchley, 2002: 50). Aún más, frente a la insistencia melancólica de Adorno relativa a que el humor en *Fin de partida* «se evapora al mismo tiempo que el remate final» (Adorno, 1991: 258), Critchley argumenta que el humor en Beckett persiste como un «reconocimiento de finitud» (Critchley, 1997: 159). La comedia, en su variación beckettiana, es, por tanto, una forma particular de conocimiento, una relación cognitiva que es ética en sí misma. De hecho, más allá de ser una confirmación o un reconocimiento, lo cómico se transforma en un deshacer profundamente ético de la ilusión, una forma de mirar que es nuestra única relación fiable con lo bueno y lo verdadero: «Los indudables logros de las sandeces de Beckett [...] se concretan en una crítica feroz, así como en un desmantelamiento, de la ilusión que aparenta ser la vida, a través de lo cual podemos detectar el leve destello de un mundo transfigurado por una luz mesiánica» (Critchley, 1997: 171). En una ironía que no deja de ser

---

16. Se ha acudido, para la traducción española de este fragmento, a la versión de José Francisco Fernández, *Watt*, p. 117 (véase bibliografía) [N. del T.].

sorprendente del todo, Critchley propone una teoría ética de lo cómico basada en el valor de la alteridad, y en el respeto que el otro se merece, aunque se requiera otra alteridad más manejable que pueda ser el objeto de su negación. Aquí, esa *otra* alteridad toma la forma de promesa ilusoria. Negar esta forma particular de alteridad sería la esencia misma de la acción ética.

Hay algo raro, y más bien ridículo, en una teoría sobre la risa ética (la que no se produce a expensas de nadie) en la que la función de esa risa se identifica como la crítica que desarma la ilusión. Tanto en la risa como en la teoría de la risa se situaría, al parecer, una negatividad irreductible. No sería difícil demostrar que, desde Baudelaire hasta Freud, la risa repetidamente se considera en relación con una caída, un fallo, la revelación de algo que falta: lo vivo se transforma en mecánico, la conciencia pierde su dominio, lo humano muta en lo que no es humano, la subordinación del yo en la ley del otro. Y esta negatividad está presente incluso cuando la risa y lo cómico se consideran liberadores: como hemos visto, Bajtín por ejemplo considera la risa rabelesiana provocadora e incluso desafiante ante la autoridad oficial.

Cuando la risa se define en términos del paso de lo sublime a lo común, o anticlímax (como en el caso de Cicerón o Kant), esta negatividad toma la forma de una reducción a la nada en términos de expectativa, la apariencia de nada en lugar de algo que se espera:

> En la broma [...] el juego parte de pensamientos que colectivamente, en tanto en cuanto buscan una expresión de los sentidos, implican una actividad del cuerpo. En esta presentación el entendimiento, echando de menos lo que esperaba, de repente suelta las riendas, con el resultado de que este relajamiento se deja sentir en el cuerpo por la oscilación de los órganos. Esto favorece el restablecimiento del equilibrio de tales órganos y ejerce una influencia beneficiosa en la salud. Algo absurdo (algo en lo que, por tanto, el entendimiento no puede por sí mismo encontrar ningún deleite) debe estar presente en aquello que provoque una risa desenfadada e incontenible. *La risa es una afección causada por unas expectativas forzadas que súbitamente se quedan en nada* [ein Affekt aus der plötzlichen Verwandlung einer gespannten Erwartung in nichts] (Kant, 1952: 199).

La negación de lo que se espera crea el hueco para la aparición de lo absurdo, es decir, lo que no se ha anticipado y que no es razonable. Como hemos visto, sin embargo, en Beckett este juego con las expectativas puede tomar una forma muy complicada, pues el remate de una «historia divertida» es aquello que no aparece.

No es por tanto la «historia divertida» en sí misma, sino la reducción de esa historia a la nada lo que es «divertido».

Ahora bien, de acuerdo con Kant, «el chiste debe contener algo que pueda engañarnos» (1952: 201). Sin embargo, no solo la risa (resultante de una decepción) es saludable por el efecto que tiene sobre el cuerpo, sino también por lo que tiene de compensación por el sufrimiento: «Voltaire decía que el cielo nos había dado dos cosas para compensar por las muchas miserias de la vida, *el sueño* y *la esperanza*. Podríamos haber añadido *la risa* a ese listado» (1952: 201). Nos queda reflexionar, por tanto, sobre una relación algo más complicada entre el humor, la decepción y la compensación que la que Critchley concibe. Lejos de desmantelar lo ilusorio sin más, como argumenta Critchley (2002), la risa, al menos tal y como Kant lo teoriza, funciona a través de la ilusión. Sin embargo, anticipándose a toda una tradición a la que, ciertamente, Critchley pertenece, Kant hace lo posible para mantener el humor como aliado del conocimiento y para distinguir distintos tipos de humor en términos éticos. La unión entre lo cognitivo y lo ético, entre lo verdadero y lo bueno, sigue sin cuestionarse: «*El humor*, en el buen sentido, significa el talento de ser capaz de ponerse cuando uno quiera en cierto estado de ánimo en el que todo se valora según unas líneas que se salen de lo trillado (una visión distorsionada de las cosas), que a la vez son unas líneas que siguen ciertos principios, racionales según ese estado mental» (1952: 203). Si la risa se provoca por lo absurdo (aquello que actúa contra lo que la razón espera), el humor (en el «buen sentido») se guía no obstante por «ciertos principios». En definitiva, el absurdo con el que este tipo de humor ha de lidiar tiene sus pautas.

Lo absurdo se ha considerado generalmente dentro de una categoría más amplia de lo cómico, aunque no toda comedia se pueda reducir a eso. Lo absurdo implica una transgresión aparente de lo racional, un acto de diferencia o de incongruencia, de sorpresa o de pillar a alguien desprevenido. Esto llevaría a pensar, sin embargo, que lo absurdo no podría convertirse en un estilo o en una moda sin dejar de funcionar. En el momento en el que esperamos lo absurdo, en el momento en el que lo estamos anticipando y nos familiarizamos con sus reglas, sus principios o su lógica, deja de ser absurdo, y ese es el motivo por el que siempre habrá dudas sobre el absurdo o el Teatro del Absurdo. Sin duda el propio Beckett no perdía el tiempo con la idea del «Teatro del Absurdo», al cual Beckett pertenece, según Esslin (1961). Y el rechazo de Beckett a la idea del absurdo tiene que ver con su rechazo a los juicios de valor. Cuando Charles Juliet le espeta que «toda empresa artística es inconcebible sin unos rigurosos estándares éticos», Beckett le responde:

> Lo que usted dice es correcto, pero los valores morales [*les valeurs morales*] no son accesibles y no están abiertos a ser definidos. Para definirlos, uno tendría que hacer juicios de valor [*un jugement de valeur*], y eso no se puede hacer. Es por eso por lo que siempre me he negado a la idea de un Teatro del Absurdo. Porque eso implica hacer juicios de valor (Juliet, 1995: 148-149).

LA RISA Y LA EXPERIENCIA DE NO SABER

Las diversas informaciones generalizadas sobre la ética del humor en Beckett se basan no solo en la suposición de que su «sintaxis de la debilidad» es una forma ética de conocer y respetar al ser humano en su finitud real, sino también en la suposición de que con Beckett uno queda en condiciones de establecer quién se ríe, de qué se ríe y por qué. La risa propiamente ética es una risa cognitiva (una risa pura de la mente pura) que es autorreflexiva y, por tanto, no es a expensas de nadie: su economía es la del ser absolutamente autorregulador. Es por ello por lo que la risa «dianoética» se sitúa más allá tanto de lo «ético» (más concretamente, lo moral) como de lo «intelectual» en *Watt*. En estas dos formas de risa, el objeto de la risa sigue siendo una forma de alteridad: lo malo y lo falso.

Sin embargo, el contexto de esta teoría de la risa pura no se limita a la «breve declaración» de Arsene o a *Watt* en su conjunto, ya que las obras de Beckett contienen otras teorizaciones explícitas de la risa, no menos dramatizadas que las de Arsene, en las que se presenta como cualquier cosa excepto como un signo de vida superior. Está, por ejemplo, la conversación de Morán con el padre Ambrose en la segunda parte de *Molloy*. Aquí, la risa se presenta como un rasgo que distingue lo humano tanto de lo animal como de lo divino:

> Como Job, ja, ja, dijo. Yo también dije ja, ja. Qué bien hace reírse, de vez en cuando, dijo. ¿Sí, no?, dije. Es propio del hombre, dijo. Lo he notado, dije. Luego hubo un breve silencio [...] Los animales no se ríen nunca, dijo. Solo a nosotros nos parece chistoso eso, dije. ¿Cómo?, dijo. Solo a nosotros nos parece chistoso eso, repetí más fuerte. Se quedó pensando. Cristo nunca se rio tampoco, dijo, que se sepa. Me miró. Y también, qué quiere, dije. Evidentemente, dijo. Nos sonreímos con tristeza (Beckett, 1959: 101-102).[17]

---

17. Traducción tomada de la versión al castellano de Matías Battistón, *Molloy*, p. 111 (véase bibliografía) [N. del T.].

Del mismo modo que en *Final de partida* la risa de Nagg causada por su propia «historia divertida» es «forzada», aquí el padre Ambrose parece reírse de su propia comparación entre lo animal y lo bíblico: entre la gallina gris de Moran (que «en el último mes no había hecho otra cosa sino sentarse con el culo en el polvo») y Job. Sin embargo, a diferencia de Nagg, la risa de Ambrose se ve imitada por otra, aunque esta repetición del «ja, ja» difícilmente puede llamarse natural; de hecho, podría verse incluso como una parodia de la risa pura en *Watt*. Sin embargo, argumentar que eso es así sería suponer que estamos en condiciones de determinar la naturaleza precisa y el objeto del «ja, ja» de Moran, y hay pocas evidencias que respalden esa limitación. Además, si la risa es fruto de la «alegría», lo sería solo «de vez en cuando», e incluso en tal caso sería una alegría ambigua, al no producirse a expensas de nadie. De hecho, es sobre lo misterioso y sobre la inexplicabilidad de la risa en donde recae el énfasis, especialmente a través del juego entre los dos significados de las palabras *peculiar* y *funny* (traducción del francés de *propre* y *drôle*). Si el padre Ambrose imita a Aristóteles al definir la risa como «propia del hombre» (*le propre de l'homme*), en la traducción esa peculiaridad implica también una rareza. Asimismo, lo que es «divertido» aquí no es simplemente cómico, sino también extraño, y parte de esa extrañeza es que tanto la causa (o causas) como el objeto (u objetos) de la risa permanecen subdeterminados o sobredeterminados. Por último, en este pasaje se sigue el curso del agotamiento de la risa: del «ja, ja» a la sonrisa triste.

Lejos de ofrecernos sin más una risa ligada al bien y a la verdad, una risa que sería ética por su absoluto respeto por la alteridad y aliada de la verdad en su reconocimiento de la finitud humana, las obras de Beckett enfatizan repetidamente lo extraño de la risa y plantean la cuestión de si realmente se puede saber, cuando alguien cuenta un chiste, de qué nos estamos riendo y por qué, o incluso si alguna vez podremos saber si nos estamos riendo o no. En *Fin de partida*, por ejemplo, Clov parece responder a la pregunta de Hamm: «¿No estaremos empezando a... a... significar algo?» con una broma. «¡Significar algo! ¡Tú y yo significar algo! [*Breve risa*]. ¡Ah! ¡Esa sí que es buena!» (Beckett, 1990: 108). Sin embargo, cuando Hamm retoma el «¡Ah! ¡Esa sí que es buena!» de Clov con un «Me pregunto. [*Pausa*]», se plantean varias opciones al espectador: que Hamm sea un comediante consumado que no se ríe de sus propios chistes, que no haya hecho ningún chiste, que haya hecho un chiste y que ahora ya no lo vea como un chiste o que haya tratado de pillar a Clov con una frase que podría confundirse con un chiste.

Incluso cuando podría parecer que el chiste tiene una intención inequívoca, no solo no es la respuesta la risa, sino que se plantea la posibilidad de que el chiste podría estar entre los medios más «inhumanos» de infligir sufrimiento en lugar de aliviarlo.[18] Por ejemplo, ¿bromea Clov cuando responde a Hamm, «Todavía es pronto», cuando este solicita su analgésico, puesto que más tarde le dice que ya no quedan más? ¿Sería la propia frase «Ya no quedan analgésicos» un remate de este chiste? Pero entonces, como bien puede ser el caso, si todo es simplemente una actuación, ¿no podría el propio Hamm saber que no hay más analgésicos, incluso cuando los pide? ¿Y qué decir de una pregunta que alguna vez pudo haber sido un chiste, pero que ya no provoca la risa, ya sea porque se ha contado demasiadas veces o porque ni el que cuenta ni el que escucha (incluso cuando son la misma persona) está seguro de si se ha contado un chiste o no?

> HAMM: [...] ¿No ha llamado nadie? [*Pausa*]. ¿No es para partirse?
> CLOV: [*Después de pensarlo*]. No me apetece reírme.
> HAMM: [*Después de pensarlo*]. A mí tampoco (Beckett, 1990: 97).

Estas indecisiones que afectan al humor se extienden más allá de los límites de cualquier nivel contextual dado. Cuando, por ejemplo, a la pregunta de Clov, «¿Crees en la vida por venir?», Hamm responde, «Mi vida fue siempre así. [*Sale Clov*]. ¡Ahí le he pillado!» (Beckett, 1990: 116), el chiste de Hamm, si es que eso es lo que es, no solo se considera por su narrador como causa de un sufrimiento (al igual que la risa hace sufrir al que ríe en *Godot*),[19] sino que puede verse como algo demasiado serio, siendo, entre otras cosas, una alusión al fracaso de Jung de paliar el dolor de Lucia Joyce.[20] El humor, como un tipo de «juego», se inscribe aquí dentro de una economía salvaje, de tal manera que uno se pregunta si no será esta la *risus purus*, la risa que se ríe de la desdicha y que, lejos de aliviarla, asegura su perpetuación.

Si la risa puede ser una alegría que también inflige dolor, ¿qué hay de la sonrisa? Al ser menos enérgica, ¿es por eso más ética que la risa? Según Vladimir en *Godot*, la sonrisa no solo es menos que una carcajada —como sugiere *sourire* en

18. En una carta del 21 de junio de 1956 a Alan Schneider, Beckett comenta que *Fin de partida* le parece a él «más inhumano» que *Godot* (Harmon, 1998: 11).

19. En respuesta a la sugerencia schopenhaueriana de Estragón de arrepentirse por haber nacido, Vladimir «empieza a reír a carcajadas pero enseguida se reprime y se lleva la mano al pubis, el rostro crispado» (Beckett, 1990: 13).

20. El concepto de una vida que siempre está por venir se puede relacionar con la idea de no haber llegado a nacer del todo, que aparece en la «Addenda» de *Watt* y que, como se desprende en *All That Fall*, es una frase que dijo Jung durante una de sus conferencias en la clínica Tavistock a las que Beckett acudió. Un año antes, Joyce había buscado la ayuda de Jung por la deteriorada salud mental de su hija Lucia.

francés– sino que, además, «no son lo mismo» (Beckett, 1990: 13). Dado que es menos enérgica, no sorprende que en el mundo entrópico de Beckett las sonrisas duren más que las risas. Pero, aunque la sonrisa no sea lo mismo que la risa, no es más sencilla de leer. De hecho, sería simplista describir las sonrisas en las obras de Beckett como enigmáticas, ya que el significado de una sonrisa en particular no solo se vuelve muy difícil de averiguar, sino que el hecho de juzgar si hay una sonrisa o no también resulta complicado. En *Watt*, por ejemplo, aunque el narrador identifica una de sus expresiones como una sonrisa, el Sr. Spiro claramente no lo interpreta así:

> Watt sonrió.
> –Sin ánimo de molestar –dijo el señor Spiro (Beckett, 1963: 25).

Y aunque la expresión de Watt pretenda ser una sonrisa, está lejos de ser placentera en sí misma o de ser expresión de ese placer, porque está reñida con ese «descanso» que es el objeto de su deseo y los intereses hacia los que se dirigen sus propios esfuerzos mentales. Si la comparación de esta sonrisa con un pedo nos parece cómica, esa comparación sirve también como trampa para el lector, dando lugar a una sonrisa que también podría leerse como la señal de un sufrimiento infligido por otro. En efecto, la sonrisa se convierte en el registro de una alteridad problemática:

> La sonrisa de Watt tenía otra peculiaridad adicional, y es que pocas veces venía sola, sino que al poco tiempo la seguía otra, eso sí, esta vez menos pronunciada. En esto se parecía a un pedo. E incluso a veces ocurría que era necesario una tercera, mucho más débil y efímera, antes de que la cara volviera a su posición de reposo. Pero esto era raro. Y pasaría mucho tiempo antes de que Watt sonriera de nuevo, a no ser que para su disgusto ocurriera algún acontecimiento inesperado (Beckett, 1963: 25).[21]

En este caso, la sonrisa puede verse como la señal de sufrimiento del que sonríe a manos de una alteridad que el que sonríe desea reducir a la nada. Sin embargo, también puede ser la forma que toma esta alteridad, como lo hace en la segunda parte de *Molloy*, en una escena donde la distinción entre una identidad y otra, entre la percepción y la alucinación, comienza a romperse y tanto el origen como el propio lugar de esa alteridad que toma la forma de una sonrisa quedan en entredicho, pues no queda claro si se produce dentro o fuera del que la sufre:

---

21. Traducción de *Watt* por José Francisco Fernández, pp. 92-93 [N. del T.].

Me dijo, dijo Gaber, me... ¡Más fuerte!, grité. Me dijo, dijo Gaber, Gaber, me dijo, la vida es una cosa bellísima, Gaber, una cosa inaudita. Acercó su rostro al mío. Una cosa inaudita, dijo, una cosa bellísima, una cosa inaudita. Sonrió. Cerré los ojos. Las sonrisas son muy lindas, muy alentadoras, pero a cierta distancia. Dije, ¿le parece que hablaba de la vida humana? Escuché. Vaya uno a saber si hablaba de la vida humana, dije. Volví a abrir los ojos. Estaba solo (Beckett, 1959: 165).[22]

Aquí, la sonrisa, en el rostro de alguien que puede que no sea otro, es intolerable cuando no se mantiene a una «distancia razonable». Sin embargo, cuando aparece a distancia, esta provoca una labor de interpretación, y no es casualidad que Beckett muestre una predilección creciente por la sonrisa terminal, la que marca el logro de una negación e incluso la muerte del otro. Las producciones televisivas alemanas de *Eh Joe* y *Ghost Trio*, ambas dirigidas por Beckett para Süddeutscher Rundfunk, terminan con sonrisas que no aparecen en los guiones publicados.[23] La obra de teatro *Aquella vez* también termina con una sonrisa, «sin dientes, a ser posible» (Beckett, 1990: 395). No se nos dice qué significa la sonrisa terminal de *Aquella vez*, ni por qué debería ser desdentada, pero, como era de esperar, esto no ha hecho sino animar a los expertos a tratar de llenar estos espacios en blanco. La opinión más repetida es que esta sonrisa en particular es el signo de un logro concluyente. Habiendo comentado primero sobre su naturaleza enigmática, James Knowlson se dispone a leer esta sonrisa no solo como una combinación de una «irónica reflexión sobre la insignificancia de la existencia humana individual» y de una «aceptación serena» del vacío, sino también como una «respuesta humana sorprendente» (Knowlson y Pilling, 1979: 210), partiendo del supuesto de que aquí no hay lugar para lo «inhumano», incluso si, como se ha visto, el pensamiento de lo inhumano se cruza con el pensamiento del humor en Beckett, como sí lo hacía en Wyndham Lewis.[24] Rosemary Pountney sugiere que la sonrisa la provoca «el deleite en el silencio ininterrumpido» (1988: 41) y S. E. Gontarski argumenta que la sonrisa es un «quid» que puede resolverse mediante un análisis estructural de la obra: «Lo que el Oyente parece responder al final de la obra no es el contenido de las voces, sino el patrón que siguen [...] Puede que el Oyente obtenga placer de la

---

22. Traducción de *Molloy* por Matías Battistón, p. 179 [N. del T.].

23. La sonrisa añadida por Beckett al final de la producción alemana de *Eh Joe* (1966) desaparece en la producción de 1979, también dirigida por Beckett.

24. «*La risa perfecta*. Si hubiera algo así, sería inhumano. Y escogería como objeto de su júbilo tanto las payasadas que son fruto de desajustes patológicos, lesiones o enfermedades, como las que proceden de las torpezas e imperfecciones de gente sana» (Lewis, 1987: 92).

restauración del orden, o al menos de una armonía formal» (1985: 158). Tanto para Pountney como para Gontarski, pues, la sonrisa tiene sus raíces en el placer (ya sea el placer del silencio o de la forma estética), y esto recordaría lo que Freud llama su «única contribución» a la explicación fisiológica de la risa, una contribución que enfatiza el parecido inquietante (tal y como ocurre en *Watt*) entre la mueca y la sonrisa:

> Por lo que yo sé, la mueca característica de la sonrisa, la que hace subir en una curva el final de los labios, aparece por primera vez en el niño de pecho cuando está lleno y satisfecho, y se suelta del pecho para quedarse dormido. Se trata aquí de una expresión genuina de las emociones, pues corresponde a la decisión de no tomar más alimento, y viene a representar un «suficiente» o más bien un «más que suficiente» (Freud, 1960: 146-147, n. 2).

Sin embargo, más allá de todas y cada una de estas interpretaciones en las que la negación registrada por la sonrisa difícilmente sería inequívocamente ética, la sonrisa del Oyente puede, por supuesto, también interpretarse como un desafío o una trampa hermenéutica a pesar de su aparente carencia de dientes, una especie de «que se interprete como se quiera» (Beckett, 1990: 476) que empuja agresivamente al espectador a una tarea de interpretación que es en sí misma un intento de poner fin a la obra, estableciendo el significado de la sonrisa con la que esta termina y, por lo tanto, reduciendo su alteridad como un objeto interpretable a cero. Este desafío o trampa solo puede provenir del otro, incluso si es un desafío para negar al otro, como si la sonrisa fuera un modo de alentar o incitar a lo que no es ético.

Puede que haya también una conexión entre la sonrisa y la negación que no sea necesariamente ética, como sugieren los comentarios de Beckett acerca de una sonrisa burlona en su guion radiofónico, que nunca llegó a emitirse, *La capital de las ruinas*, escrito en 1946. No solo es difícil distinguir esta sonrisa de un nihilismo que reduciría todas las distinciones valorativas a la nada, sino que también debe percibirse solo en el otro. Si se percibiera en el yo, entonces sería la imaginación, más que la percepción, la que cargaría con esa responsabilidad:

> Lo importante no era que nosotros tuviésemos penicilina y ellos no, ni la munificencia a diestro y siniestro del Ministerio francés de la Reconstrucción (así se llamaba entonces), sino el atisbo esporádico al que teníamos acceso nosotros en ellos y, quién sabe, si tal vez ellos en nosotros también (pues son gente dotada de una poderosa imaginación), de esa sonrisa ante las condiciones humanas, cosa que tan mal podrían apagar las bombas como mal podrán avivar los elixires de Burroughes y Welcome, sonrisa que

desprecia, entre otras cosas, a los que tienen y a los que no, a los que dan y a los que reciben, a los sanos y a los enfermos (Beckett, 1995: 277).[25]

Viniendo del otro, pero de otro que apenas puede distinguirse del yo –la diferencia entre los dos está lejos de distinguirse claramente en muchas de las obras de Beckett–, tanto la risa como la sonrisa dan lugar recurrentemente a una tarea de interpretación de la que también son una respuesta. No solo pueden leerse como señales tanto de sufrimiento como de alegría, como actos de agresión o de compasión, sino que apenas pueden distinguirse de sus contrarios. De hecho, la diferencia misma entre la risa y las lágrimas y entre lo cómico y lo trágico se vuelve cada vez más difícil de sostener en la desintegración de esa diferencia que hace el autor: «Pensé que ella [Lousse] se iba a echar a llorar, era lo que tocaba, pero por el contrario se echó a reír. Quizá era su forma de llorar. O quizá me equivoco y estaba llorando de verdad, con el sonido de la risa. Lágrimas y risas, para mí es como si sonaran en gaélico» (Beckett, 1959: 37). A estas alturas puede ser que no solo tengamos un chiste sobre el chiste, provocando una risa sobre una risa, sino un chiste que se niega a sí mismo, que se autorreproduce y que se ríe de la imposibilidad de distinguir entre la risa y las lágrimas, la felicidad y el sufrimiento, lo cómico y lo serio. Y si se puede decir que Beckett pone en entredicho la diferencia entre las risas y las lágrimas, las sonrisas y las muecas, la felicidad y el sufrimiento, se puede decir que también lo hace con la diferencia entre la ética y la falta de ética de cada uno de ellos.

EL HUMOR SIN ÉTICA Y EL POSHUMORISMO: BECKETT DESPUÉS DE MAUTHNER

Teniendo en cuenta los roles complicados, y a menudo contradictorios, que desempeñan la risa, la sonrisa, lo cómico, las «historias divertidas» y el humor en la producción artística de Beckett, no sorprende que la crítica haya buscado un principio subyacente similar al propuesto por Nell en *Fin de partida*. Sin embargo, como se ha visto, cuando se vuelve a introducir en un contexto que no se limita a esa obra o a cualquier otra publicada de Beckett, la noción de que «Nada tan divertido como la desgracia» se «admite» de una manera que está lejos de ser

---

25. Se ha acudido, para la traducción española de este fragmento, a la versión de Miguel Martínez-Lage, *La capital de las ruinas*, p. 21 (véase bibliografía) [N. del T.].

inequívocamente respetuosa con el otro, y eso lleva a la cuestión de si alguna teoría del humor ético (es decir, el humor que no está a expensas de nadie) pudiera tener ahí su fundamentación. Además, Nell insiste en el agotamiento de la risa que se produce con su repetición, incluso si la intención de esta repetición es tener un efecto humorístico. Y si se agota la risa, también se agota el humor. Es por esto por lo que, en Beckett, lo cómico en todas sus formas tiene tanto una historia como un final, aunque este sea paradójico en gran medida.

En cada una de las primeras obras ya encontramos un oscurecimiento del estado de ánimo, un alejamiento de lo cómico. Esto es especialmente evidente en *Fin de partida* y en *La última cinta*. Si bien ambas comienzan con una comicidad propia de la pantomima, en cada obra se produce un marcado distanciamiento de esta a lo largo de su desarrollo, y ambas concluyen con una escena pictórica que difícilmente puede describirse como cómica. Además, como observa Knowlson sobre la producción de *La última cinta* en el Schiller-Theater por parte del propio autor en 1969, «Beckett tuvo especial cuidado en no enfatizar los elementos cómicos de la apariencia física de Krapp, así como de su vestimenta y sus maneras» (Knowlson, 1992: xvi). Ya en la primera producción londinense de la obra en 1958, la «nariz morada» era bastante menos evidente de lo que sugiere el texto original publicado. Más tarde sería eliminada en todas aquellas producciones en las que Beckett estaba implicado. En sus obras posteriores, hay una reducción radical de lo cómico, de tal manera que, en el momento de su última obra, *Qué Dónde*, de 1983, apenas puede decirse que haya algo remotamente humorístico, y ese mismo agotamiento se ve reforzado por el uso de nombres notablemente bufonescos: Bam, Bem, Bim, Bom. Por tanto, si la risa, lo cómico, el humor, e incluso lo que Freud llama «las diversas formas del humor "roto"» (1960: 232), pueden tener un final, entonces se debe reflexionar una vez más sobre la posibilidad de una última risa que no sea necesariamente pura, una risa que se abre no solo a lo póstumo, sino también a lo que podría llamarse poshumorístico.

En un trabajo publicado en 1962, en el que no tienen cabida por tanto las obras tardías de Beckett, Cohn describe la trayectoria de lo cómico en Beckett como un paso de una comedia predominantemente «iliberal» (generadora de risa a costa del otro) a la risa «dianoética» teorizada por Arsene en *Watt*. De hecho, Cohn considera *Watt* la primera de sus grandes obras escrita tras la lectura de *Beiträge zu einer Kritik der Sprache*, de Fritz Mauthner, como el texto clave en la historia de lo cómico en toda su producción literaria. La importancia de la crítica del lenguaje hecha por Mauthner (*Sprachkritik*) en el propio desarrollo de Beckett tras *Murphy*, algo que puede comprobarse sin ir más lejos en las extensas notas textuales sobre

Mauthner en el «Whoroscope Notebook» y en las notas mecanografiadas que se conservan en el Trinity College, Dublín, generalmente es reconocida por los críticos.[26] Sin embargo, se observa con menos frecuencia que hacia el final de *Beiträge* hay una sección titulada «Risa y lenguaje». Aquí, Mauthner argumenta que la risa no es solo crítica, sino también «la mejor crítica» (*die beste Kritik*). La risa que aquí tiene en mente no es una risa cualquiera, sino «una risa poderosa, más fuerte que la risa de Aristófanes y Luciano, que la de Rabelais y Balzac, que la de Lichtenberg y Heine» (Mauthner, 1923: 632-633). Swift y Voltaire estuvieron más cerca de conseguirlo, aunque, por razones muy diferentes, ambos fracasaron. Esta risa poderosa proviene solo de aquellos que se han comprometido con lo imposible –en este caso, con la crítica del lenguaje a través del lenguaje–, un desafío similar al que le planteó Beckett a Axel Kaun en su «Carta alemana» de julio de 1937, donde propone su famosa literatura autodestructiva del despalabro (*Literatur des Unworts*) dirigida contra el velo (*Schleier*) del lenguaje para «alcanzar aquello (o la nada) que yace detrás» (Beckett, 1983: 52). Es muy importante destacar, sin embargo, que Mauthner no se queda satisfecho con esta risa poderosa y concluye que la forma más alta de conocimiento (*Erkenntnis*) no se encuentra ni en el lenguaje ni en la risa, sino en una crítica del lenguaje caracterizada por un estado de ánimo de alegre resignación (*Resignation*) o renuncia (*Entsagung*) (Mauthner, 1923: 634).

Por todo lo anterior, para Beckett también existirá un paso más allá de la enérgica «carcajada del de Abdera», pero este paso no le llevará a una alegre resignación, sino a las regiones más oscuras de lo poshumorístico. En las obras tardías de Beckett ya no se trata de que, como dice Adorno, «un llanto seco y sin lágrimas ocupa el lugar de la risa», ni de que el humor se salve porque el lector o el espectador se contagie de «la risa de lo absurdo de la risa y de la risa de la desesperación» (Adorno, 1992: 252-253). Sin embargo, no es simplemente que la risa haya quedado atrás, sino que uno ya no está en condiciones de determinar si hay algo de lo que reírse y, si no lo hay, quién, si es que hay alguien, se ha reído el último. Esa indecisión no es ni ética ni no ética, sino que es más bien anética, eliminando así, aunque lo reclame al mismo tiempo, el establecimiento tanto de lo ético como de lo que no es ético como principio subyacente del arte de Beckett. En lo poshumorístico, esta ausencia de ética encuentra quizá su forma menos reconocible, sobre

---

26. El «Whoroscope Notebook» se encuentra en la Beckett International Foundation, en la Universidad de Reading (RUL) MS 3000/1. Está fechado de 1932 hasta 1937. Las notas mecanografiadas sobre Mauthner se encuentran en el Trinity College, Dublín, MS 10971/5/1-4.

todo en esas «pequeñas frases» que forman y deforman tantas de las obras tardías de Beckett, frases como las siguientes, tomadas de *A vueltas quietas*: «... hasta no quedar nada de lo más profundo salvo solo un más tenue aún ay, terminar. Lo mismo da cómo lo mismo dónde. El tiempo y el pesar y el llamado yo. Ay, que todo termine» (Beckett, 1995: 265).

Es por este motivo por el que con Beckett no basta con insistir en la relación entre lo cómico y la experiencia de la impotencia y la ignorancia, ya que esa misma experiencia incluye lo cómico, convirtiéndolo en un problema más que en una solución. Si hay una tendencia hacia lo cómico en Beckett, es la que va desde la «carcajada del de Abdera» hasta un vaciado que no es humorístico en un sentido liberal ni iliberal, sino poshumorístico en su ausencia de ética, en el cual uno no solo se pregunta «¿Alguien se sabe alguna vez por qué se ríe?» (Beckett, 1995: 54), sino también si hay algo de lo que reírse y si, realmente, la risa tiene ahí cabida en primer lugar.

REFERENCIAS BIBLIOGRÁFICAS

ACKERLEY, Chris J. (2004): *Demented Particulars: The Annotated Murphy*, Tallahasseee, FL, JOBS.

ADORNO, Theodor W. (1991): «Trying to Understand *Endgame*», en Rolf Tiedemann (ed.): *Notes to Literature*, vol. 1, Nueva York, Columbia University Press.

ADORNO, Theodor W. (1992): «Is Art Lighthearted?», en Rolf Tiedemann (ed.): *Notes to Literature*, vol. 2, Nueva York, Columbia University Press.

ALEXANDER, Archibald B. D. (1922): *A Short History of Philosophy*, Glasgow, Maclehose, Jackson & Co.

BAKHTIN, Mikhail (1984): *Rabelais and His World*, Bloomington, Indiana University Press.

BECKETT, Samuel (1938): *Murphy*, Londres, George Routledge & Sons.

BECKETT, Samuel (1951): *Malone meurt*, París, Minuit.

BECKETT, Samuel (1959): *The Trilogy: Molloy, Malone Dies, The Unnamable*, Londres, Calder. [*Molloy*, de Samuel Beckett, Matías Battistón (trad.), Buenos Aires, Ediciones Godot, 2020].

BECKETT, Samuel (1963): *Watt*, Londres, Calder. [*Watt*, de Samuel Beckett, José Francisco Fernández (trad.), Madrid, Cátedra, 2023].

BECKETT, Samuel (1970): *More Pricks than Kicks*, Londres, Calder and Boyars. [*Belacqua en Dublín*, de Samuel Beckett, Víctor Pozanco (trad.), Barcelona, Lumen, 1991].

BECKETT, Samuel (1983): *Disjecta: Miscellaneous Writings and a Dramatic Fragment*, Ruby Cohn ed., Londres, Calder.

BECKETT, Samuel (1990): *The Complete Dramatic Works*, Londres, Faber. [*Teatro reunido*, de Samuel Beckett, incluye *Esperando a Godot* y *Fin de partida*, Ana María Moix (trad.), Barcelona, Tusquets, 2006].

BECKETT, Samuel (1992): *Dream of Fair to Middling Women*, Dublín, Black Cat Press. [*Sueño con mujeres que ni fu ni fa*, de Samuel Beckett, Miguel Martínez-Lage y José Francisco Fernández (trads.), Barcelona, Tusquets, 2011].

BECKETT, Samuel (1995): *The Complete Short Prose, 1929-1989*, S. E. Gontarski (ed.), Nueva York, Grove. [*La capital de las ruinas* seguido de *F-*, de Samuel Beckett, Miguel Martínez-Lage (trad.), Segovia, La uÑa RoTa, 2007].

BERGSON, Henri (1999): *Laughter: An Essay on the Meaning of the Comic*, Los Ángeles, Green Integer.

BURNET, John (1914): *Greek Philosophy*, parte 1, *Thales to Plato*, Londres, Macmillan.

CICERO, Marcus Tullius (1959): *De Oratore*, Londres, Heinemann.

COHN, Ruby (1962): *Samuel Beckett: The Comic Gamut*, New Brunswick, Rutgers University Press.

COLERIDGE, Samuel Taylor (1907): *Biographia Literaria*, Oxford, Oxford University Press.

CRITCHLEY, Simon (1997): *Very Little... Almost Nothing: Death, Philosophy, Literature*, Londres, Routledge.

CRITCHLEY, Simon (2002): *On Humour*, Londres, Routledge.

DONNE, John (1980): *Paradoxes and Problems*, Oxford, Clarendon.

ESSLIN, Martin (1961): *The Theatre of the Absurd*, Nueva York, Anchor Books.

FREUD, Sigmund (1960): *Jokes and Their Relation to the Unconscious. The Standard Edition of the Complete Psychological Works of Sigmund Freud*, vol. III, Londres, Hogarth.

GONTARSKI, Stan E. (1985): *The Intent of Undoing in Samuel Beckett's Dramatic Texts*, Bloomington, Indiana University Press.

HARMON, Maurice (ed.) (1998): *No Author Better Served: The Correspondence of Samuel Beckett and Alan Schneider*, Cambridge, Harvard University Press.

HARVEY, Lawrence (1970): *Samuel Beckett: Poet and Critic*, Princeton, Princeton University Press.

JULIET, Charles (1995): *Conversations with Samuel Beckett and Bram van Velde*, Leiden, Academic Press.

KANT, Immanuel (1952): *The Critique of Judgement*, Oxford, Clarendon.

KNOWLSON, James (ed.) (1992): *The Theatrical Notebooks of Samuel Beckett*, vol. 3, *Krapp's Last Tape*, Londres, Faber.

KNOWLSON, James y John PILLING (1979): *Frescoes of the Skull: The Latter Prose and Drama of Samuel Beckett*, Londres, Calder.

KRISTEVA, Julia (1982): *Powers of Horror: An Essay on Abjection*, Nueva York, Columbia University Press.

LEWIS, Wyndham (1987): *Men without Art*, Santa Rosa, Black Sparrow.

MAUTHNER, Fritz (1923): *Beiträge zu einer Kritik der Sprache*, Leipzig, Felix Meiner.

PILLING, John (1997): *Beckett before Godot*, Cambridge, Cambridge University Press.

POUNTNEY, Rosemary (1988): *Theatre of Shadows: Samuel Beckett's Drama 1956-1976*, Gerrards Cross, Colin Smythe.

RICKS, Christopher (1993): *Beckett's Dying Words*, Oxford, Clarendon.

WINDELBAND, Wilhelm (1931): *A History of Philosophy, with Especial Reference to the Formation and Development of Its Problems and Conceptions*, Londres, Macmillan.

DE CUERPOS Y RISAS
NOTAS SOBRE LA COMICIDAD FÍSICA
EN EL PRIMER TEATRO DE SAMUEL BECKETT

Núria Santamaria Roig
Universitat Autònoma de Barcelona

La abultada continuidad de estudios sobre Samuel Beckett demuestra que la obra del irlandés mantiene pleno vigor como reto y como indagación significativos. Los exploradores de sus páginas todavía hallan aspectos inadvertidos, vértices poco frecuentados o nuevos motivos para la relectura, para la reflexión e incluso, quizás, para la diversión. Un cierto tipo de diversión, claro está. Una diversión injertada en los sentidos etimológicos que tienen que ver con lo múltiple (*di(s)-*) y con aquello (*versus*) que vira, se dobla, se tuerce, se revuelve, «diverge».

Huelga repetir que la paradoja, la ambigüedad o la extrañeza han formado parte del sinfín de elucubraciones teóricas en el entorno de lo risible, la comicidad y el humor durante siglos. En este sentido, la revisión de una suerte de fenómenos que entremeten ámbitos disociados en las parcelas presuntamente presididas por el monopolio del rigor, la solemnidad o la cortesía (el cuerpo y la mente, lo gregario y lo íntimo, la complicidad y la agresión, lo cultural y lo brutal) ha sido una fértil herramienta para que muchos estudiosos afinaran la comprensión de las ficciones dramáticas del irlandés e incluso para que estas se hicieran hueco en monografías y antologías sobre el humor.

Más allá del escalpelo académico, el interés por la comicidad en el teatro de Beckett también se ha hecho paulatinamente visible en los escenarios y en las

NOTA: Este trabajo se inscribe dentro de las líneas de investigación del proyecto PID2021-122535NB-100, *Uses and Transformations of Paraliterary Genres in Postmodern Catalan Literature (1968-2021)*, financiado por el Ministerio de Ciencia e Innovación (MICINN), y del Grup d'Estudis de Literatura Catalana Contemporània (2021 SGR 00119).

plateas de los teatros; la sesuda reverencia hacia los aspectos más conceptuosos de sus piezas se ha ido aligerando con una declarada e indisimulada intención cómica. El denso impacto de lo amargo o el arrobamiento pedante iniciales han ido dejando paso al redescubrimiento o a la focalización sobre lo risible. No se me ocurre un mejor ejemplo de este giro emocional que la producción de *Esperando a Godot*, de 2009, dirigida por Sean Mathias en el Theatre Royal Market (West End), con Patrick Stewart (Vladimir) e Ian McKellen (Estragón). El montaje también pasó por Broadway, jaleado por un público obsequiosamente entregado, arropado por un desfile de estrellas y *celebrities* dispuestas a convertir la cita con los esperantes beckettianos en una glamurosa celebración. La progresiva conquista de la hilaridad en el patio de butacas no se ha producido exenta de concesiones al desparpajo interpretativo y a la cómplice exhibición de más de una argucia histriónica de los actores de turno.[1] La liviandad y el desenfado que se imponen también son el producto de la liquidez de los tiempos y la deglución mercantil, como Michel Billington insinuaba en su crítica en *The Guardian* (2009). Sin embargo, toda simplificación es reductiva, más si caemos en la tentación, salvada por Billington, de degradar artística o intelectualmente lo jocoso o de percibirlo solo como un allanamiento oportunista y contaminante; porque el hecho es que los resortes de la comicidad forman parte de la maquinaria dramatúrgica ideada por el autor y de la minuciosa ingeniería que desarrolló como director de escena cuando tuvo ocasión de manejar cuerpos, voces, silencios y sombras.

El vademécum de recursos que el dramaturgo introdujo en sus piezas es amplio y heterogéneo; muchos de ellos ya han sido señalados y analizados, aunque la precisa genealogía de estos en ocasiones haya quedado apenas sugerida (el cine cómico, las variedades, los vanguardistas...) o difuminada. Con todo, la detección y catalogación de estrategias cómicas, útil para las escenificaciones contemporáneas, no ha logrado ni dulcificar ni simplificar la densidad intelectual de los trabajos de Beckett. La incómoda sospecha de que, incluso cuando nos reímos, hay algo más

---

1. Han existido numerosas puestas en escena de *Esperando a Godot* que han adoptado explícitamente la clave del payaso de circo, amparadas en las tentativas iniciales del mismo Beckett. Un precedente americano insoslayable fue la puesta en escena que dirigió Michel Nichols con Steve Martin y Robin Williams en 1988, por ejemplo. Según el testimonio de Charney, cuando Bert Lahr interpretó a Estragón confesó que no tenía ni idea de lo significaba el personaje, pero lo ejecutó de acuerdo con «old vaudeville style» (Charney, 1978: 109). La diferencia entre estos dos casos o el de Zero Mostel en la versión televisiva de 1961 dirigida por Alan Schneider, y la de otros acercamientos, es la apropiación más o menos técnica, más o menos resabiada de los trucos de oficio por parte de intérpretes más académicos.

que no siempre logramos atisbar también tiene que ver con un tipo de procedimientos que escapan, tal como Laura Salisbury (2015) señaló, a la fácil reproductibilidad del chiste o la gracia. Tienen que ver con tiempos, ritmos, usos y estratos, y con una perspectiva que preserva la complejidad de la risa y lo risible. Desde esta perspectiva se diría que el análisis de lo cómico en el teatro de Beckett más que una posibilidad es una exigencia, precisamente porque la escenificación, como medio, es feudataria de unas comicidades que han pervivido en la literatura occidental durante siglos y que remiten a un acervo que abarca desde la pantomima hasta la exhibición del ingenio lingüístico, la broma erudita o la parodia. En cualquier caso, más allá de variantes y combinatorias, no podemos dejar de considerar un factor más que las acoge y que tiene que ver con la figuración ontológica y metafísica que la metáfora teatral permite vehicular tanto como con las precariedades de un tipo de convenciones dramatúrgicas ya extenuadas, solo retomables desde la consciencia de la debilidad de sus artificios. Quizá por todo ello la representación modernista no tiene otro lugar que el de un intersticio suspendido entre los supuestos imaginativos sobre lo humano y la autorreferencialidad que señalan las grietas del ridículo simulacro (Ackermann y Puchner, 2007; Szondi, 1988).

EL PESO DE LO ORGÁNICO

Eleutheria (1947), el primer intento completo de adentrarse en los rieles de lo teatral,[2] participa de lleno de ese clima de liquidación de las formas desde la ostentación de una metateatralidad, directamente relacionada con las rupturas vanguardistas del primer tercio de siglo,[3] que pone en jaque convenciones sociales, morales y artísticas desarmando los componentes de *pièce bien faite*, tal como señaló Cohn (1980: 163-172; 2004: 152-154), sin ahorrar la parodia explícita a géneros como el melodrama, el vodevil, la tragedia o la comedia de salón. Si alguna etiqueta puede amparar la extravagancia del dramaturgo, ese tal «Samuel Béquet, Béquet,

---

2. Prescindo pues del inacabado *Human Wishes* (1936-1937), transcrito por la profesora Cohn (1980: 295-305).

3. «*Eleutheria*, evidently indexed to an audience with still-fresh memories of the Second World War, responds to metatheatrical techniques pioneered after the First World War in a way that bemoans how even wildly experimental plays such as Antonin Artaud's *The Spurt of Blood*, Guillaume Apollinaire's *The Breasts of Tiresias*, and Luigi Pirandello's *Six Characters in Search of an Author* can be shorn of their subversive qualities and accommodated within pre-existing theatrical conventions» (Wolterman, 2022: 30).

ça doit être un juif groenlandais mâtiné d'Auvergnat» (Beckett, 1995: 136) es, a juicio del Espectador insurrecto, la farsa: «C'est ce que font nos meilleurs auteurs, intitulant ainsi leurs ouvrages les plus sérieux au cas où l'on ne saurait les prendre au sérieux» (1995: 131).[4] La alusión a lo farsesco del atrabiliario portavoz del auditorio nos ofrece una pista sobre una de las tesituras cómicas que el autor frecuentó, quizá porque la evolución histórica de los primitivos interludios tendió a situarlos en una esfera, subsidiaria y popular, que admitía sin remilgos la gansada chusca, la ocurrencia escatológica u obscena y el consecuente aprovechamiento de la dimensión corporal de lo cómico.[5] Es precisamente esta preeminencia de lo somático lo que Henri Krap constata como merma –«Incapable de réfléchir moi-même, mes organs se'n sont chargés» (Beckett, 1995: 38)– y el Dr. Piouk como ley: «Vous êtes vos organes, Monsieur, et vos organes sont vous» (1995: 38).[6] Ni siquiera la ilusión de un cuerpo armónicamente unitario; tanto Krap como su esposa Violette no son más que un «monceau d'organes périmés» (1995: 39), es decir, «un montón de órganos caducos» (Beckett, 1996: 43). Los personajes pierden así gravedad ontológica para rendirse a la gravidez de lo fisiológico que, en este caso, se sitúa en el deterioro de los órganos reproductivos de ambos cónyuges: el prolapso uterino de la señora Krap y la dolencia prostática del señor Krap no son solo signo de decadencia física, también de su actual ineptitud como agentes de vida y una reliquia de su «culpable»[7] intervención en el engendramiento de Victor, que es «comme une sorte de suintement. Comme une sanie, voilà» (1995: 84).[8] Si Victor es, según el Cristalero, una supuración sin contornos, Mrs. Rooney de *All that Fall* (1956) expresa su impotencia clamando por abandonarse a la corrupción: «Oh let me just

---

4. Las citas en el cuerpo del texto proceden de las primeras versiones de las obras y se incluye en nota una versión en castellano: «Samuel, Béquet, Béquet, eso debe ser un judío groenlandés cruzado de auvernés!»; «Es lo que hacen nuestros mejores autores, titulando así sus obras más serias por si no se las toman en serio» (Beckett, 1996: 131).

5. Emmanuel Jacquart promocionó el concepto de *dérision* para referirse al teatro de Beckett, Ionesco y Adamov (1998). El encuadramiento dentro de lo farsesco sigue vigente en los estudios de la mayor parte de los especialistas. Sirva como ejemplo el capítulo que Marie-Claude Hubert dedicó a la «farsa metafísica» de Ionesco y Beckett (2014: 23-41) en un volumen colectivo sobre esta modalidad dramática.

6. «Incapaz de pensar yo mismo, mis órganos se han encargado de hacerlo» (Beckett, 1996: 42); «Usted es sus órganos, señor, y sus órganos son usted» (Beckett, 1996: 42).

7. El motivo melodramático del hijo espurio y las paternidades sobrevenidas adquiere aquí un nuevo tratamiento: Violette intentó abortar tres veces y parece que Henri tiene solo un setenta por ciento de posibilidades de ser el progenitor; aun así, M. Krap dice estar en el noveno círculo (1995: 30), que es el de la traición en la disposición infernal de la *Divina comedia*.

8. «como una especie de supuración. Como una secreción, eso es» (Beckett, 1996: 86).

flop down flat on the road like a big fat jelly out of the bowl and never move again! A great big slop thick with grit and dust and flies, they would have to scoop me up with a shovel» (2006: 174).[9] Y nada como el dramatículo *Breath* (1969) sintetiza la ominosa idea de la condición humana: un escenario de basuras entre dos suspiros.

La degradación extrema de los cuerpos en escena va asociada al imaginario de lo grotesco y a la deformación caricaturesca.[10] Bentley señaló en su clásico libro sobre el drama que, para el autor de farsas, los personajes carecen de nobleza y están «apenas por encima de los cuadrumanos» (1982: 232). En las piezas de Beckett el orden animal no reviste características negativas por sí mismo; forma parte, sin más, de las inercias autopreservadoras de la materia: la pulga que Clov de *Fin de partie* (1957) encuentra en sus pantalones o la hormiga que Winnie de *Happy days* (1961) observa con sorpresa son indicios de la perseverancia de un tipo de vida ajeno a la voluntad y a la consciencia en universos aparentemente devastados; por eso, en ambos casos se incluye la chanza de contenido sexual (Beckett, 1959: 49, y 2006: 149-150).

La hiperbolización de dos pulsiones, como la gula y la lujuria, asociadas a la supervivencia animal,[11] ha formado parte de los arsenales de la comicidad desde siempre, y aunque los objetivos de su uso hayan sido dispares (desde la reprobación aleccionadora a la exaltación hedonista), ambas están en el envés de la mortalidad: Michel, el hijo del cristalero en *Eleutheria*, parece tener un hambre insaciable (Beckett, 1995: 90; 102; 113-114), pero desaparece de escena en el tercer acto por una supuesta enfermedad; B., el tullido de *Fragment de Théâtre I* (1976), inicia el proceso de seducción de A, el músico ciego, ofreciéndole la posibilidad de compartir su despensa;[12] en un apremiante panorama de escasez, Nagg, en *Fin de partida*, provoca la indignación de Hamm al solicitar su desayuno —«Bouffer, bouffer, ils ne

9. «¡Caer de bruces sobre el camino como una enorme gelatina fuera del tazón para no moverse nunca más! Una enorme y espesa papilla cubierta de grava, polvo y moscas, que deberían recoger a paletadas» (Beckett, 1987: 23).

10. «Those who, like myself, regard Samuel Beckett as a master humorist must base their claim almost exclusively on his treatment of the grotesque and the macabre» (Mercier, 1991: 74).

11. La esfera de lo animal abraza muchos otros aspectos que merecerían análisis más detallados: la furiosa punición de la mula en *All That fall* que reencontramos en el trato que Lucky recibe en *Esperando a Godot*, la identificación de Krap con una vaca, la obsesión de Mrs. Rooney con los cuartos traseros de los caballos y su incapacidad de sostener la mirada del animal torturado, etc. Un capítulo aparte debería consagrarse a los pájaros.

12. *Fragment de Théâtre I* se inspira en *The Cat and the Moon* (1924), obra en un acto de W. B. Yeats que se estrenó en 1932. Poulain (2018: 234-244) propuso una lectura que pivotaba sobre el amor *queer*.

pensent qu'à ça!» (Beckett, 1957: 21)–,[13] aunque la intempestiva queja bien podría referirse a la porfiada existencia del padre más que a su modesta reclamación matinal, y las demandas alimenticias de Estragón en *Esperando a Godot* parecen subrayar algunas características que los augustos heredaron de pícaros y arlequines. En este punto, el selectivo gusto de Gogo por las verduras –zanahorias, sí; nabos y rábano, no– no deja de tener algo de irónico atendiendo a su pasión por roer los huesos que ha dejado Pozzo. Asimismo, la obsesiva apetencia del protagonista de *Krapps's Last Tape* (1958) por los plátanos sugiere latentes paralelismos con los primates y permite incorporar la ordinariez sobre la inefectividad de los laxantes (Beckett, 2006: 218).

El afán lascivo de Willie, de *Happy Days* (1961), es homologable al afán por la comida: las escaramuzas por refugiarse del calor gateando hacia el interior del agujero mientras sigue torpemente las instrucciones de Winnie permite equívocas transposiciones de índole sexual que completan el dibujo sobre la primariedad del personaje masculino, esbozada ya con su afición a la pornografía. La caracterización de Willie tiende a la ridiculez tanto por la filiación con el arquetipo senil que ignora las propias limitaciones y el decoro tras el anhelo erótico, como por el hecho de que lo que cataliza el deseo de Willie ya no es humano, sino el remedo ilustrado de lo que quizá algún día fue humano, un sucedáneo que la perpleja reacción de Winnie al contemplarlo torna más irrisorio. El pulso de lo grotesco que conjuga lo tanático y lo carnal también está en el postrer consuelo voyerista que Krap obtiene de la novia de su hijo en *Eleutheria* o en las cavilaciones de Vladimir y Estragón sobre su posible suicidio en el curso de las cuales el ahorcamiento les parece especialmente interesante porque «Ce serait un moyen de bander [...] Là où ça tombe il pousse des mandragores» (Beckett, 1952: 21).[14]

Aunque el contexto sea otro, el cristalero en *Eleutheria* no duda en considerar que el Dr. Piouk piensa «comme un cochon» (Beckett, 1995: 111), pero Lucky en *Esperando a Godot* es un cerdo al que obligan a bailar y a pensar: quien tenía un refinado repertorio de danzas antiguas y tradicionales ahora solo puede ejecutar «la danse du filet»[15] (Beckett, 1952: 56) y el «Pense, porc!» (Beckett, 1952: 59) de

---

13. «¡Atracarse, atracarse, solo piensan en eso!» (Beckett, 2006: 216).

14. «Sería un buen medio para que se nos pusiera tiesa. [...] Allí donde eso cae, crecen mandrágoras» (Beckett, 1952: 25). Jean Emelina considera la escena como un perfecto ejemplo de distanciamiento emocional a través de la autoironía: «Le saut terrible dans l'inconnu, l'angoisse métaphysique, le malheur, tout est balayé par cet espoir obscène et dérisoire» (El terrible salto a lo desconocido, la angustia metafísica, la desgracia, todo barrido por esta esperanza obscena e irrisoria) (Emelina, 1991: 30).

15. Los títulos que Vladimir y Gogo sugieren para la danza de Lucky son indudablemente graciosos, pero quizá no son ajenos a los títulos de las danzas futuristas detalladas por Marinetti en

Pozzo desencadena el mareante recital de afirmaciones cruzadas sobre la ausencia de Dios y el mundo como caos.[16] Muchos son los elementos virtualmente jocosos en un episodio que dinamita lo apolíneo y lo dionisíaco a la vez, los estratos de la comicidad que materializa el inesperado contraste entre lo refinado y lo vulgar facilitan conjeturar afinidades y ecos con las pretéritas lides de ingenio en cortes y salones, los monólogos paródicos de personajes pedantes, y también con la exhibición circense de fenómenos. A pesar de ello, como apunta Salisbury, el entretenimiento es efímero y dentro de esta obra el humor «most commonly describes another sense of time that is drawn out and ductile –time as the passivity of waiting and of incapable endurance» (2015: 186).[17]

Retomando el hilo del argumento anterior, lo que interesa destacar es que la fallida cavilación de Lucky enlaza lo bestial y lo divino licuando la racionalidad humana. Jean-Michel Rabaté relaciona este orden de procedimientos con la noción de *sovereignty* de Georges Bataille. Para Rabaté, pensar como un cerdo se aproxima al «pure paroxysm, an awareness of excess in a moment of total overcoming, a limit experience when the act of thinking turns into bodily production whether by laugher or excretion, when the conflation of glory and abjection opens up a space beyond madness and rationality»[18] (2016: 12) y, por lo tanto, se erige como una forma más de interrogarse sobre los límites de lo humano y lo lingüístico (Ben-Zvi, 2018: 3-4).

EL IMPERIO DE LO MECÁNICO

Como se acaba de apuntar, la degradación animalesca reposa en la supremacía de una organicidad impasible e ineludible; pero la reducción cómica puede ir un paso más allá a través de la cosificación. Henri Bergson (1991: 22-50) ya estableció la virtud hilarante derivada del contagio de la rigidez mecánica a la

---

L'Esprit Nouveau 3, 1920, pp. 303-307; y, más allá de los títulos, a la renovación de la expresión corporal que introdujeron las vanguardias.

16. Es obligado remitir a las notas de Walter D. Asmus sobre las indicaciones de Beckett a los actores alemanes a propósito del fragmento (2012: 211-212) y, por extensión, al correspondiente cuaderno editado por Knowlson y McMillan (2019: 132-137).

17. «describe normalmente otro sentido del tiempo que es eterno y dúctil; el tiempo de la pasividad de la espera y de una resistencia inútil».

18. «puro paroxismo, una conciencia del exceso en un momento de superación total, una experiencia límite en la que el acto de pensar se convierte en una respuesta corporal, ya sea por medio de la risa o de la escreción, cuando la combinación de la gloria y la abyección se abre a un espacio más allá de la locura y la razón».

elasticidad de lo vivo. El funcionamiento de Lucky, durante el primer acto, como un dispositivo de entretenimiento medio averiado, que requiere el sombrero para pensar, se alinearía con este tipo de aritmética de la comicidad. La repetitiva cadencia de las acciones de las figuras de *Acte sans paroles II* (1959), marcada por la luz y la aguijada, se fundamenta en una simplificación burlesca de las existencias ordinarias a través de gestos reconocibles (la oración, la gimnasia, la higiene personal, la medicación, etc.) que apenas aportan relieve ninguno a los personajes. A y B se construyen como dos caracteres complementarios –A, descuidado y apático, y B, resuelto y diligente–, pero su alternancia en las funciones de objeto y ganapán los despersonaliza hasta convertirlos en piezas de un implacable engranaje.[19] Salisbury detecta en los enseres que utilizan los mimos del número la intencionada subversión del utillaje de las variedades:

> The goad renders explicit the latent disciplinary violence within the vaudeville crook by becoming sinister, threatening, possibly even torturous. It ruins the comic spectacle with its inhuman, mechanical insistence, and the figure in the sack finally remains still as he is poked, refusing to repeat his humorous mime. The anticipated 'finished' to this vaudeville act becomes the dissolution of its humour and the man's refusal to keep playing his part in the comic spectacle (2015: 187).[20]

La protagonista de *Happy Days* comparte la ritualidad gestual de los personajes de *Acte sans paroles II*; el rezo, la higiene dental, la toma del jarabe, etc., son las pequeñas rutinas que jalonan el día del primer acto. La obligada inmovilidad que nos muestra a Winnie como un torso hablante durante todo el primer acto y la iterativa artificialidad de su sonrisa la han hecho acreedora de las comparaciones con las muñecas o los títeres (Grossman, 1998: 81), y aunque tiene razón Linda Ben-Zvi cuando advierte que leer el personaje como un mero juguete programado minimiza la obra y el mismo personaje (1986: 157), no es menos cierto que la sugerencia está en sintonía con las facetas más inquietantes de la relación de lo

---

19. Producciones posteriores como el guion televisivo *Quad* (1982) exacerbarán el tratamiento mecánico del cuerpo.

20. «La aguijada representa explícitamente la violencia disciplinaria latente en el malvado del vodevil al convertirse en algo siniestro, amenazante, probablemente incluso un elemento de tortura. Arruina el espectáculo cómico por medio de su insistencia inhumana y mecánica, mientras que la figura en el saco se queda quieta cuando se la clavan, negándose a repetir el acto cómico del mimo. El "final" anticipado de esta pieza de vodevil tiene como resultado la anulación del humor y la negativa del hombre a seguir haciendo su parte en el espectáculo cómico».

animado y lo inanimado.[21] Dicha relación abraza, como mínimo, tres variables: la sedición de los objetos, la hibridación entre lo objetual y lo orgánico y la abstracción sensible de lo humano que posibilita la dinámica del *slapstick*.

«Ah, yes, things have their life, that is I always says, *things* have a life» (Beckett 2006: 162),[22] dice Winnie. La enigmática vida de los objetos también puede convertirse en fuente de comicidad cuando estos aparecen en un contexto chocante, como sucede con el segundo plátano que Krapp saca del segundo cajón de su mesa (Beckett, 2006: 216) o cuando no funcionan o no se utilizan adecuadamente: la «encarnizada» lucha de Estragón por librarse de sus zapatos en la primera escena de *En attendat Godot* (1952: 11) es un claro ejemplo del subrepticio poder de lo pequeño sobre lo grande, de la imperturbabilidad de la cosa frente a la frenética (y por ello risible) torpeza humana. La ingobernabilidad de lo material tiene su expresión más esencializada en *Acte sans paroles I* (1956), que recoge elementos clásicos de la pantomima y de la etología.[23] Por ende, los apagones de una de las lámparas de los auditores de *Fragment de théâtre II* (1960), que contribuyen a ratificar socarronamente el «misterio» de la electricidad, se convierten en una burlona y desquiciante provocación de lo aparentemente inerte,[24] que los mismos personajes reconocen como un gag que está a punto de perder su gracia porque dura demasiado (1978: 51). Caben muchas otras muestras en esta sección del catálogo, una de las más destacables es el inacabado perro de peluche de Hamm (1957: 55-57). Las lecturas de las que ha hecho acopio la escena han sido plurales: se ha visto como una ostentación más de la misantropía de Hamm, se ha señalado el paralelismo entre Clov y el can (ambos cojos, ambos chuchos de Hamm), se ha reparado en el homenaje que puede encerrar el cambio de raza del perro de la versión inglesa, se ha tomado como indicio más del camino hacia la extinción definitiva puesto

---

21. Baste recordar el terrorífico poder del cuento de Mildred y su muñeca dentro de esta misma obra (Beckett, 2006: 163-165).

22. «Oh, sí, las cosas tienen su propia vida, eso es lo que siempre digo, *las cosas* tienen vida» (Beckett, 1989: 223).

23. «Beckett mélange dans cet *Acte sans paroles* son gout pour la gestuelle du cinéma comique des origines et des souvenirs de lectures faites à Londres en 1934-1935. Les cubes à superposer pour atteindre un but haut placé sont directement empruntés aux test pratiques sur des chimpanzés, dont on attend qu'ils construisent une tour avec trois caisses pour attraper une friandise» (En *Acto sin palabras*, Beckett mezcla su gusto por los gestos del primer cine cómico con los recuerdos de las lecturas que hizo en Londres en 1934-1935. Los cubos que hay que apilar uno encima de otro para alcanzar una meta elevada están directamente tomados de las buenas prácticas con chimpancés, de los que se espera que construyan una torre con tres cajas para poder coger una golosina) (Durozoi, 2006: 134).

24. Rapcsak, en su brillante estudio sobre la pieza, indica la obra de Gertrude Stein *Doctor Faustus Lights the Lights* (1938) como posible fuente del episodio (2022: 69).

que el muñeco no tiene sexo e incluso se le ha identificado con un trasunto grotesco de Cerbero acorde con la asimilación de la estampa de Hamm impulsando su silla con el bichero a la travesía de la laguna Estigia (Guers-Martynuck, 1979: 22-23). Ahora bien, la densidad semántica no interfiere con una dinámica escénica presidida por la sorpresa risible y por el humor negro que se desprenden de los engaños de Clov sobre el color y el equilibrio del muñeco, asumibles como una pequeña revancha del humillado contra el déspota ciego y moribundo. Salisbury (2015: 187), además, atribuye una sarcástica reminiscencia de lo circense al ejemplar perruno incapaz de realizar truco alguno.

La polaridad entre lo averiado y lo funcional atañe indistintamente a cuerpos y cosas hasta fundir los unos con las otras. La bolsa de Winnie, repleta de adminículos, hace las veces de muleta anímica para rellenar las interminables horas de vigilia; Hamm y uno de los hombres del *Fragment de théâtre I* son centauros maltrechos; el protagonista de *Krapp's Last Tape* (1958) registra fragmentos de su memoria en una cinta magnética; Nagg y Nell son decrépitos bustos vertidos en cubos de basura, Hamm y Clov, piezas de ajedrez.

La deflación de lo humano —acentuada en las puestas en escena controladas por el autor— abre el camino hacia ese tipo de cauterización emotiva que Bergson (2012) tipificó como ingrediente necesario para el tipo de comicidad que incorpora la violencia y la agitación heredadas de las comedias bufas y los títeres de cachiporra, mantenida en algunos de sus aspectos por las variedades y llevadas hasta el paroxismo por artífices del cine mudo. Si la ilógica candidez de Estragón ocultándose detrás del árbol «très imparfaitement»[25] (Beckett, 1952: 105) o el resbalón de Krapp en *La última cinta* con la piel de plátano impostan un elemental infantilismo humorístico, las sisas a la comicidad vodevilesca más desenfrenada arrastran «the violent aural effect of slap»[26] (Crafton, 1995: 108), la oscura combinación de la euforia y la crueldad. No resulta difícil relacionar el intercambio de sombreros de Vladimir y Estragón (Beckett, 1952: 101-102) con el número payasesco recreado por Stand Laurel y Oliver Hardy y por los hermanos Marx en *Duck Soup* (1933),[27] o alcanzar a encontrar paralelismos entre las numerosas caídas en masa de los films clásicos, antológicamente culminadas en la escena del camarote de *A Night at the Opera* (1935), y el batacazo que el matrimonio Piouk protagoniza cuando el Cristalero y su hijo dejan de apuntalarse contra la puerta para evitar la invasión del cuartucho

25. «de manera muy imperfecta».
26. «el violento efecto auditivo del golpe».
27. Hay que acudir de nuevo a Salisbury para un análisis comparativo de las escenas (2015: 106-107).

de Victor (Beckett, 1995: 96). Las leyes de la física se imponen, igualmente, en el tropezón que convierte los cuerpos de Lucky y Pozzo en un amasijo indiferenciado con sus paquetes (Beckett, 1952: 108). En un sentido similar, el luchador de quinta categoría de *Eleutheria* se asemeja a los forzudos de los antiguos films y, como ellos, puede sobrevivir al furioso martillazo del Cristalero. Ese tipo de agresiones, crudas y salvajes, adquirirán tintes decididamente sádicos e implacables –sin atenuación hilarante– en el trato que Pozzo inflige a Lucky en *Esperando a Godot* o en el crispado final de *Fragment de théâtre I*. La digresión cómica a partir del maltrato corporal se infiltra todavía en *All that Fall*; voces, risillas y resoplidos evocan vívidamente un episodio que reúne múltiples artimañas potencialmente jocosas: la equívoca incomodidad del contacto físico entre una señora entrada en años y un señor que parece tener otro tipo de apetencias eróticas, el despliegue de habilidad y vigor que exigen las operaciones de bajar y subir del auto a la anciana obedeciendo sus requerimientos de ser empujada «as if were a bale» (Beckett, 2006: 178),[28] el accidentado trayecto con un destartalado automóvil que incluye la muerte de una gallina, la expansiva locuacidad de la dama y los sarcásticos comentarios del sufrido Mr. Slocum (Beckett, 2006: 177-180). Todo es rocambolesco e hiperbólico y ese tratamiento distorsionador es el que da pábulo a la carcajada, pese al amargo desarrollo de la historia.

El desapego sentimental inducido por unas figuraciones que proceden de la convencional irrealidad de los faquires, los contorsionistas o la prestidigitación de los espectáculos de variedades, recicladas por el cine de las primeras décadas del siglo XX bajo el signo de la fantasía, la vulgaridad, el erotismo, el caos o la fiereza no dejaban de ser una destilación de las preocupaciones de una época. Tal como ha explicado Muriel Andrin, el *slapstick* de aquel cine no era ajeno a las divulgaciones científicas de Charcot o a las imágenes de los cadáveres quemados, desmembrados y mutilados que había producido la nueva tecnología armamentista:

> Slapstick reflects this historical moment in a rather complex way: fully exposing its subversive intentions, it bombards us with violent images that the body politic would rather have repressed; yet slapstick body remains unaffected by the kind of violence that, in reality, would cause death and suffering. In the latter (idealist) function, slapstick fulfils the desire to make those terrifying war images disappear from the unconscious and quite (impossibly) regain a lost state of innocence (2010: 232).[29]

---

28. «como si fuera un fardo».

29. «Lo bufonesco refleja este momento histórico de una manera compleja: al revelar totalmente sus intenciones subversivas, nos bombardea con imágenes violentas que el cuerpo político hubiera preferido reprimir; sin embargo, el cuerpo bufonesco permanece impávido ante el tipo de

Después de la Segunda Guerra Mundial ya no cabía la esperanza en ese tipo de sublimación y lo cómico asomaba, más que nunca, como el reverso de lo trágico: «... les forces dont fait fonds le comique sont celles précisément à partir desquelles se définit l'expérience tragique: il ne fait que les affecter d'une dimension euphorique, là où la tragédie les emploie dans leur dimension cathartique» (Michaud, 2004: 58).[30] El uso de la comicidad grotesca como una de las opciones expresivas para canalizar la percepción de fracaso de la razón y desamparo colectivo[31] no es privativo del irlandés; sin embargo, su forma de refractar los componentes de las gracias visuales a través de la manipulación del ritmo y la repetibilidad, por un lado, y de la tematización del dolor, por el otro, resultan muy personales.

La iteración es preceptiva en todo espectáculo no solo para transformar la habilidad de los ejecutantes en virtuosismo, sino por el placer que deriva del reconocimiento de las variantes del número por parte del espectador. En los personajes del primer teatro beckettiano podemos detectar trazas de los oficiantes del entretenimiento:[32] Krapp en *La última cinta* aparece en escena caracterizado prácticamente como un payaso –pantalones estrechos y demasiado cortos, botas grandes y puntiagudas, nariz púrpura... (Beckett, 2005: 215)–, Pozzo en *Esperando a Godot* adopta las maneras de un domador de circo con el látigo o de un cantante lírico con el pulverizador; Vladimir maneja y escruta su sombrero como si este escondiera algún truco; el sonido penetrante de un timbre pauta días y noches de Winnie en *Los días felices*, Hamm se impone como narrador de una historia y Nagg

---

violencia que, en términos reales, es causante de muerte y destrucción. En la segunda, más idealizada, función, lo bufonesco cumple el deseo de hacer que esas terribles imágenes de guerra desaparezcan del inconsciente y que recuperen, aunque esto no sea del todo posible, un estado de inocencia perdido».

30. «las fuerzas en las que se basa lo cómico son precisamente aquellas a partir de las cuales se define la experiencia trágica: solo las afecta con una dimensión eufórica, mientras que la tragedia las utiliza en su dimensión catártica».

31. Por eso Jean-Marie Domenach preferirá hablar de infratragedia: «Dans la tragédie classique, ce sont des pleines qui s'affrontent: des passions, des intérêts, des valeurs; dans l'anti-tragédie contemporaine, ce sont des creux: des absences, des non-valeurs, des non-sens. L'anti-tragédie prend sa source dans l'échec de tout ce qui donnait consistance á la tragédie: caractère, transcendance, affirmation» (En la tragedia clásica, es lo que está lleno lo que choca: pasiones, intereses, valores; en la antitragedia contemporánea, es lo hueco: ausencias, falta de valores, sinsentidos. La antitragedia hunde sus raíces en el fracaso de todo lo que daba consistencia a la tragedia: carácter, trascendencia, afirmación) (1967: 267).

32. La cuña metateatral es patente y persistente. Jean-Paul Santerre describe el empleo de todos esos motivos en el último capítulo de uno de sus ensayos (2001: 11-137). El repertorio de la comicidad popular incluye también una amplia variedad de recursos verbales y lingüísticos (onomatopeyas, chistes, calambures, juegos de palabras, imitaciones de acentos, alusiones paródicas, diálogos contrapicados, canciones, etc.), pero su repaso queda fuera de estas líneas.

cuenta una vez más el chiste del sastre en *Fin de partida*. Se trata, en todos los casos, de realizaciones inacabadas, desajustadas, ineficientes, que desbordan los cauces de la fórmula para insertar a los personajes en unos *running gags* que ralentizan y estancan la acción sustituyéndola por la prórroga, por una espera ensamblada al aburrimiento, es decir, al horror,[33] que se intenta aligerar con la charla, el juego, los pequeños quehaceres, pero no hay repetición sin erosión: «Mais nous respirons, nous changeons! Nous perdons nos cheveux, nos dents! Notre fraîcheur! Nos idéaux!» (Beckett, 1957: 23)[34] y el chiste del sastre diluye sus efectos jocosos.

A diferencia de la sorprendente incombustibilidad de los cuerpos del *slapstick*, los de estas piezas se definen por sus progresivas carencias, tal como indica Hamm o como sintetiza mordazmente el marido de Mrs. Rooney: «Indeed I am better than I was. The loss of my sight was a great fillip. If I could go deaf and dumb I think I might pant on to be a hundred» (Beckett, 2006: 192).[35] La precariedad física de los personajes es también un lugar común en los estudios beckettianos sobre el que merece la pena volver solo para recordar, primero, el sarcástico empleo al que son sometidos –los ejercicios gimnásticos de Vladimir y Estragón, la complementariedad de incapacidades (Hamm y Clov, los hombres del *Fragment de Théâtre I*, Lucky y Pozzo en el segundo acto), el cotidiano chequeo de Nagg y Nell y Winnie a ojos, dientes, oído...– y, en segundo lugar, el hecho no menos relevante de su sufrimiento físico y moral. Los cinco sentidos parecen conspirar contra todos ellos: a Víctor le repugna tocar a Mme. Meck (Beckett, 1995: 82) y el inválido de *Fragment de Théâtre I* tampoco aprecia el tacto de las manos del ciego (Beckett, 1978: 31-32); los malos olores asaltan ofensivamente a los personajes de *En attendant Godot* y *Fin de partie*; Nagg no puede masticar las galletas que quedan (1957: 22), y el hijo del cristalero de *Eleutherie*, Michel, siempre tiene hambre, a causa quizá de los parásitos (1995: 101-102); Hamm y Estragón se impacientan porque la cháchara del prójimo no les permite dormir (1957: 36; 1952: 19, 127); Krapp tiene muy poca visión y la «Blazing light» que inaugura *Happy Days* (2006: 138) anuncia el cercano día en el que quizá Winnie «little by little be charred to a black cinder» (Beckett, 2006: 154).[36]

---

33. *ăb-horrĕo, ui, ēre* implica la reacción negativa ante algo que horroriza o se aborrece.

34. «¡Pero respiramos, cambiamos! ¡Perdemos los cabellos, los dientes! ¡Nuestra frescura! ¡Nuestros ideales!».

35. «Incluso estoy mejor de lo que estaba. Perder la vista fue un gran estímulo. Si me quedara sordomudo creo que seguiría funcionando hasta cumplir cien años» (Beckett, 1987: 42).

36. «hasta que poco a poco quede chamuscada como una negra carbonilla».

La risa dianoética

Nada hay más mortificante que el propio cuerpo, sus demandas, sus insuficiencias y sus lastres. Fuente inagotable de sinsabores, anfitrión de enfermedades, paulatinamente inepto y condenado a una finitud que aparece como promesa de alivio al tránsito penoso de la vida, ahí están, si no, la pistola de Winnie, el veneno para Víctor, el árbol de Vladimir y Estragón o la ventana del *Fragment de Théâtre II*, aunque a menudo de lo que se trata no es de fenecer, sino de no seguir sintiendo la vida:

> B: Oui, d'accord, mais pourquoi ne pas vous laisser crever?
> A: J'y ai songé.
> B: [*agacé*]. Mais vous ne le faites pas!
> A: Je ne suis pas assez malheureux. [*Un temps*]. Ça a toujours été mon malheur, malheureux, mais pas assez (Beckett, 1978: 26).[37]

No lo suficientemente desgraciados para dejarse morir, pero lo bastante para llorar. O reír. Lucky en *Esperando a Godot* abandona las lágrimas después de atizar un puntapié en la pierna a Estragón que lo deja seriamente magullado y, de acuerdo con la teoría lavoiseriana de Pozzo: «Vous l'avez remplacé, en quelque sorte. [*Rêveusement*]. Les larmes du monde sont immuables. Pour chacun qui se met à pleurer, quelque part un autre d'arrête. Il en va de même du rire. [*I rit*]» (Beckett, 1952: 44).[38] Arrojados al *vallis lacrimarum* que es el mundo, el llanto parece consustancial a la vida misma y quizá por ello todavía es capaz de promover una cierta piedad: Estragón ofrece un pañuelo a Lucky, igual que Bertrand acerca el suyo al rostro del posible suicida al final del *Fragment de théâtre II*. Con todo, se diría que risas y sonrisas abundan más que las lágrimas entre los personajes del irlandés. Desde *Eleutheria*, donde encontramos la caricaturescamente pérfida sonrisa del torturador chino hasta los inútiles esfuerzos de Henry por recuperar la sonrisa que enamoró a Ada en *Embers* (1959) (Beckett, 2006: 257-258) o las recurrentes sonrisas de Winnie ligadas al «old style» (Carrière, 2013), el movimiento labial adopta en los rostros

---

37. «B: Sí, de acuerdo, pero ¿por qué no dejarse reventar de una vez? / A: He soñado con eso. / B: [*Irritado*]. ¡Pero no lo hace! / A: No soy bastante desgraciado. [*Pausa*]. Esa ha sido siempre mi desgracia, desgraciado, pero no lo bastante» (Beckett, 1987: 81).

38. «En cierto modo usted le ha sustituido [*Pensativo*]. Las lágrimas del mundo son inmutables. Cuando alguien empieza a llorar, alguien deja de hacerlo en otra parte. Lo mismo sucede con la risa. [*Ríe*]» (Beckett, 2014: 45).

de las figuras beckettianas numerosos matices que exploran concienzudamente las equívocas posibilidades de una expresión que tanto puede significar la aquiescencia como la amenaza. El estudio de Scott Annet (2019) sobre las notas que Beckett tomó resiguiendo las sonrisas dantescas de la *Divina comedia* y su posterior «utilización» en las primeras ficciones en prosa es extrapolable en buena medida a la galería de personajes teatrales de la primera época.

De hecho, una pieza como *Not I* (1972) podría esgrimirse como hipotético corolario de la fascinación del autor por la rentabilidad significativa de la boca dada su naturaleza proteica y su condición fronteriza entre lo exterior y lo interior, entre lo sublime y lo abyecto. Tal como recuerda Anca Parvulescu en *Laughter* (2010), la dualidad del órgano viene ya marcada por las designaciones latinas *ōs* y *bucca*: *ōs*, *ōris* está en la raíz de la oralidad y el ósculo con la subsiguiente correspondencia con el beso, el habla y la voz; *bucca* parece asociarse con las funciones que nos igualan a los animales y con la deformación que hincha los carrillos al comer o resoplar. Y aunque la parcelación semántica no sea tan nítida, Parvulescu también trae a colación las similitudes que desde antiguo se han establecido entre el orificio superior y la vagina, el orificio inferior de las mujeres,[39] para subrayar la persistencia de lo antagónico: «It is as if the mouth insists on remaining both *os* and *bucca*, a quasi-mixture of logos, verticality, and the light of face, and animalism, cavity, and defaced darkness» (2010: 10).[40]

La inmediata correspondencia entre la risa y el dolor que ilustra Vladimir cada vez que sus carcajadas son abortadas por las punzadas en el pubis consuma una asociación que se resuelve de forma tangible en los escenarios en sintonía con la famosa máxima de Nell «Rien n'est plus drôle que le malheur» (1957: 31).[41]

---

39. «Certainly Beckett displayed no trace of displeasure as, watching the BBC Television version, he realized that Mouth had the appearance of a large, gaping vagina» (La verdad es que Beckett no mostró ninguna señal de desagrado cuando, al ver la versión de la obra en la BBC, se dio cuenta de que la Boca mostraba el aspecto de una enorme y cavernosa vagina) (Knowlson y Pilling, 1979: 200).

40. «Es como si la boca insistiera en seguir siendo tanto *os* como *bucca*, una mezcla de algo así como logos, verticalidad, luz del rostro, animalismo, cavidad y oscuridad pintarrajeada».

41. «Nada tan divertido como la desgracia». «"That for me is the most important sentence in the play", said Beckett (*Berlin Diary*). In a letter to the French director Roger Blin, dated 9 January 1953, and quoted in full in the *Introduction*, Beckett, speaking of *Waiting for Godot*, phrases a description of tragicomedy in slightly different but analogous terms: "Nothing is more grotesque than the tragic"» («Esa es para mí la frase más importante de la obra», dijo Beckett (*Berlin Diary*). En una carta que escribió al director francés Roger Blin, con fecha de 9 de enero de 1953, reproducida en su totalidad en la «Introducción», Beckett, al referirse a *Esperando a Godot*, esboza una descripción de la tragicomedia en términos muy parecidos, con tan solo una ligera variación: «Nada tan grotesco como lo trágico») (Gontarski, 1992: 54). Mme. Krapp anuncia el axioma, desde otro ángulo, cuando

Catherine Naugrette prefiere refugiarse en la categoría del humor antes que en la de la comicidad, porque para la investigadora:

> *Fin de partie* met en scène l'histoire d'un rire qui se tarit. Un rire qui s'in-terroge sur lui-même, sur sa nature, sur ses conditions, sa possibilité même d'exister. Le rire beckettien se donne ainsi pour un rire raréfié, finissant ou près de finir : surtout, pour un rire noir, distancié, né du pire, c'est-à-dire du malheur. Chez Beckett, on rit au bord des pleurs (2004: 45).[42]

Algo tiene de ese planteamiento el *Fragment de théâtre II*, escrito en francés en 1958, traducido por él mismo al inglés y, probablemente, retocado en vistas a su publicación en 1976. El dramatículo se despliega a partir de la labor que acometen dos personajes, A y B (ángeles, fiscal y defensor o proyecciones de la conciencia), para dilucidar si C, la tercera figura en escena situada enfrente de una gran ventana y de espaldas a los espectadores, debe terminar con su vida o no. Entre los testimonios recogidos en el voluminoso dosier sobre la trayectoria vital de C, se menciona el del señor Berdun –Mr. Moore en la versión inglesa–, «artista dramático» o comediante ligero, que se refiere a la supuesta taciturnidad del enjuiciado en los siguientes términos: «A l'entendre parler de sa vie, après quelques verres, on aurait pu croire qu'il l'avait passé uniquement aux enfers. Nous nos tordions de rire. J'en ai tiré un numéro qui a bien marché» (Beckett, 1978: 43).[43] Así pues, el compungido relato de C sobre su vida no le sirve al cómico para edificar una obra solemne, sino un «número», «skit» una comedieta chistosa, es decir, un entretenimiento frívolo, de relleno.

El moribundo M. Krap en *Eleutheria*, persuadido de que la vida es un bluf, apuesta por «sourir de son sourir» (1995: 48), sonreír especialmente cuando no se tengan ganas y mantener la comedia hasta el final; pero más allá de una promesa de vida defraudada es cuando se dibuja la conciencia del desajuste entre la ilusa magnificación de lo humano y la indiferencia cósmica que irrumpen las risas salvajes: la de Pozzo cuando alude al origen divino de la especie (1952: 39); las

---

apostilla que los seres humanos son capaces de soportar cualquier cosa si creen que no se están burlando de ellos (Beckett, 1995: 45).

42. «*Fin de partida* describe la historia de una risa que se seca. Una risa que se cuestiona a sí misma, su naturaleza, sus condiciones, su posibilidad misma de existir. La risa beckettiana se da así por una risa enrarecida, que termina o está a punto de terminar: sobre todo, por una risa negra, distanciada, nacida de lo peor, es decir, de la desgracia. En Beckett nos reímos al borde de las lágrimas».

43. «Oyéndole hablar de su vida, después de algunas copas, podría creerse que la había pasado únicamente en los infiernos. Nos tronchábamos de risa. Saqué de ahí un número que funcionó bien» (Beckett, 1987: 92).

del matrimonio Rooney cuando lee el título del sermón del párroco basado en el Salmo 145,14, augurio de consuelo y salvación por la gracia de Dios (2006: 198); o la de Winnie cuando evoca un poema de Thomas Gray, que Antonia Rodríguez Gago incorpora en las preciosas notas de su edición –«And moody Madness laughing wild / Amid severest woe» (Beckett, 1987: 92 n.)–, para argüir «How can one better magnify the Almighty tan by sniggering with him at his little jokes, particularly the poorest ones?» (2006: 150).[44]

Buena parte de los estudiosos de Beckett han adoptado la designación que el personaje de Arsene de la novela *Watt* (1953) otorga a la forma más elevada de la risa para describir la perspectiva humorística de Beckett. Se trata de la risa dianoética:

> But the hollow laugh laughs at that which is not true, it is the intellectual laugh. Not good! Not true! Well, well. But the mirthless laugh is the dianoetic laugh, down the snout –Haw!– so. It is the laugh of laughs, the *risus purus*, the laugh laughing at the laugh, the beholding, the saluting of the highest joke, in a word the laugh that laughs –silence please– at which is unhappy (Beckett, 1970: 48).[45]

Los comentarios que Simon Critchley dedicó al fragmento todavía parecen dar respuesta a la paradójica combinación de hilaridad y malestar que contagia a los lectores y espectadores del teatro beckettiano:

> Es la risa que nos vence y doblega nuestras defensas por el momento, precisamente el momento de debilidad que el humor de Beckett devuelve al sujeto que ríe. Una vez que la ola de risa nos ha alcanzado con su espuma salina, una resaca de duda amenaza con ahogarnos bajo la superficie del agua. No hay oleaje sin resaca (2010: 71).

Sin resquicio para la inocencia, culpables por el hecho de haber nacido, como ya señalaron Calderón o Schopenhauer, el camino que parece proponer el dramaturgo no es la compasión, sino la divergencia, la diversión, la risa que nos atrapa y sacude. Sin concesiones.

---

44. «¿Cómo puede uno glorificar mejor al Todopoderoso sino riendo con él sus chistecitos, sobre todo los malos?» (Beckett, 1989: 177).

45. «La risa hueca se ríe de lo que no es verdad, es la risa intelectual. ¡De lo que no es bueno! ¡De lo que no es verdad! Bueno, bueno. Pero la risa seria es la risa dianoética, la que sale por el hocico, ¡ja!, eso es. Es la risa de las risas, la *risus purus*, la risa que se ríe de la risa, la contemplación y el saludo que se hace al chiste más elevado, en una palabra, la risa que se ríe (silencio, por favor) de la desdicha» (Beckett, 2023: 117).

REFERENCIAS BIBLIOGRÁFICAS

ACKERMANN, Alan y Martin PUCHNER (eds.) (2007): *Against Theatre. Creative Destructions on the Modernist Stage*, Londres, Palgrave MacMillan.

ANDRIN, Muriel (2010): «Back to "slap". Slapstick's Hyperbolic Gesture and the Rhetoric of Violence», en Tom Paulus y Rob King (eds.): *Slapstick Comedy*, Nueva York, Routledge, pp. 226-234.

ANNET, Scott (2019): «"A simple sucking of the teeth": Beckett, Dante and the *risus purus*», *Bibliotheca Dantesca. Journal of Dante Studies* 2(1), pp. 107-124.

ASMUS, Walter D. (2012): «Beckett Directs *Godot*», en Stan E. Gontarski (ed.): *On Beckett. Essays and Criticism*, trad. Ria Julian (trad.), Londres / Nueva York, Anthem Press, pp. 209-217.

ATKINS, Anselm (December 1967): «Lucy's Speech in Beckett's *Waiting for Godot*. A Punctued Sense-Line Arrangement», *Educational Theatre Journal* 9(4), pp. 426-432.

BECKETT, Samuel (1952): *En attendant Godot*, París, Minuit. [*Esperando a Godot*, trad. Ana María Moix, Barcelona, Austral / Planeta, 2014].

BECKETT, Samuel (1957): *Fin de partie*, París, Minuit.

BECKETT, Samuel (1970): *Watt*, Nueva York, Grove. [*Watt*, ed. y trad. José Francisco Fernández, Madrid, Cátedra, 2023].

BECKETT, Samuel (1972): *Comédie et actes divers*, París, Minuit.

BECKETT, Samuel (1978): *Pas, suivi de Fragment de théâtre I, Fragment de théâtre III, Pochade radiophonique, Esquisse radiophonique*, París, Minuit.

BECKETT, Samuel (1987): *Pavesas*, ed. Jenaro Talens, Barcelona, Tusquets.

BECKETT, Samuel (1989): *Los días felices*, ed. y trad. Antonia Rodríguez Gago, Madrid, Cátedra.

BECKETT, Samuel (1995): *Eleutheria*, París, Minuit. [*Eleuheria*, trad. José Sanchis Sinisterra, Barcelona, Tusquets, 1996].

BECKETT, Samuel (2006): *The Complete Dramatic Works*, Londres, Faber & Faber Ltd.

BENTLEY, Eric (1982): *La vida del drama*, trad. Alberto Vanasco, Barcelona, Paidós.

BEN-ZVI, Linda (1986): *Samuel Beckett*, Boston, Twayne.

BEN-ZVI, Linda (2018): «Laughing Matters in the Theatre of Samuel Beckett and Edward Albee», *Miranda* 17. DOI: https://doi.org/10.4000/miranda.13950.

BERGSON, Henri (2012): *Le rire. Essai su la signification du comique*, París, Quadrige-PUF.

BILLINGTON, Michel (2009): «Waiting for Godot», *The Guardian*, 7 de mayo, en línea: <https://www.theguardian.com/stage/2009/may/07/waiting-for-godot-theatre-review>.

CARRIÈRE, Julien (2013): «Beckett's *Happy Days* and Dante's *Inferno*, Canto, 10», en Jürgen Sies, Matthijs Engelberts y Angela Moorjani (eds.): *Beckett in the Cultural Field / Beckett Dans Le Champ Culturel*, Nueva York, BRILL 25, pp. 197-209.

CHARNEY, Maurice (1978): *Comedy High and Low: An Introduction to the Experience of Comedy*, Nuvea York, Oxford UP.

COHN, Ruby (1980): *Just Play. Beckett's Theater*, Princeton, NJ, Princeton UP.

COHN, Ruby (2004): *A Beckett Canon*, Michigan, The University of Michigan Press.

CRAFTON, Donald (1995): «Pie and Chase: Gag, Spectacle and Narrative in Slapstick Comedy», en Kristine Karnick Bronovska y Henry Jenkins (eds.): *Classical Hollywood Comedies*, Nueva York, Routldge, pp. 106-120.

CRITCHLEY, Simon (2010): *Sobre el humor*, trad. Antonio Lastra, Torrelavega, Quálea.

DOMENACH, Jean-Marie (1967): *Le retour du tragique*, París, Seuil.

DUROZOI, Gérard (2006): *Samuel Beckett: irremplaçable*, París, Hermann.

EMELINA, Jean (1991): *Le comique. Essai d'interpretation generale*, París, SEDES.

GONTARSKI, S. E. (ed.) (1992): *The Theatrical Notebooks of Samuel Beckett. «Endgame»*, Londres, Faber & Faber.

GROSSMAN, Evelyne (1998): *L'esthetique de Beckett*, Liège, Sedes.

GUERS-MARTYNUCK, Simone (1979): «L'Alchimie du théâtre de Beckett», *Chimères* XI(2), pp. 16-24.

HUBERT, Marie-Claude (2014): «Ionesco et Beckett: la farce métaphysique», en Michèle Gally y Florence Fix (dirs.): *La farce aujourd'hui*, París, CNRS, pp. 23-41.

JACQUART, Emmanuel (1998): *Le théâtre de dérision. Beckett, Ionesco, Adamov*, París, Gallimard.

KNOWLSON, James y Dougald MCMILLAN (2019): *The Theatrical Notebooks of Samuel Beckett. Waiting for Godot*, Londres, Faber & Faber.

KNOWLSON, James y John PILLING (1979): *Frescoes of the Skull: The Later Prose and Drama of Samuel Beckett*, Londres, John Calder.

LIEBER, Jean-Claude (1998): «Pensée de la mort, mort de la pensé», en Didier Alexandre y Jean-Yves Debreuille (dirs.): *Lire Beckett*, Lyon, Presses Universitaires de Lyon, pp. 75-85.

MCDONALD, Rónán (2006): *The Cambridge Introduction to Samuel Beckett*, Cambridge, Cambridge UP.

MERCIER, Vivian (1991): *The Irish Comic Tradition*, Londres, Souvenir Press.

MICHAUD, Philipp-Alain (2004): «Dash, crash, smash, splash», en Philipp-Alain Michaud y Claudine Ribadeau Dumas (dirs.): *L'horreur comique. Esthétique du slapstick*, París, Centre Pompidou.

NAUGRETTE, Catherine (2004): *Paysages dévastés. Le théâtre et le sens de l'humain*, Belval, Circé.

PARVULESCU, Anca (2010): *Laughter. Notes on a Passion*, Massachusetts, MIT Press.

POULAIN, Alexandra (2018): «Failed collaboration and queer love in Yeat's *The Cat and the Moon* and *Rough for Theatre I*», *Ilha do Desterro* 71(2), pp. 234-244.

RABATÉ, Jean-Michel (2016): *Think, Pig! Beckett and the Limit of the Human*, Nueva York, Fordham UP.

RAPCSAK, Balazs (2022): «Electrifying theatre: Beckett's media mysticism in and beyond *Rough for Theatre II*», en Balasz Rapcsak, Mark Nixon y Philip Schweighauser (eds.): *Beckett and Media*, Mánchester, Manchester UP, pp. 65-85.

SALISBURY, Laura (2015): *Samuel Beckett. Laughing Matters, Comic Timing*, Edimburgo, Edinburgh UP.

SANTERRE, Jean-Paul (2001): *Leçon littéraire sur «En attendat Godot» de Beckett*, París, PUF.

SZONDI, Peter (1988): *Teoria del drama modern (1880-1950)*, trad. Mercè Figueras, Barcelona, Institut del Teatre.

WOLTERMAN, Nick (2022): *Beckett's Imagined Interpreters and the Failures of Modernism. New Interpretations of Beckett in the Twenty-First Century*, Cham, Springer International Publishing.

UNA BREVE REFLEXIÓN SOBRE EL TEATRO DE SAMUEL BECKETT

DEL DISTANCIAMIENTO CÓMICO AL ACERCAMIENTO ÍNTIMO

Claudia Maria de Vasconcellos
Universidad de São Paulo

> Hugo de San Víctor decía que hay dos cosas
> que hacen posible la adquisición de la ciencia:
> una es la *lectio*; la otra, la meditación.
> Ferrater MORA, *Diccionario de filosofía*

> Nada tan divertido como la desgracia.
> Samuel BECKETT, *Fin de partida*

> Hasta que al final / llegó el momento /
> al final de un largo día / cuando se dijo /
> a sí misma / [...] que se joda la vida.
> Samuel BECKETT, *Nana*

A William Wrinkler

Ni trágicas ni cómicas. ¿Podrían las obras de Beckett definirse, según sugiere Ruby Cohn, como comitragedias? Como ella misma puso por escrito: «Si la tragicomedia se define como "una obra esencialmente trágica, pero que acaba bien", quizá las obras de Beckett deberían llamarse comitragedias» (Cohn, 1968: 8).

La tragedia, debemos recordar, es una forma dramática que Beckett evita. El autor se resiste a sus dimensiones patéticas y ejemplarizantes y, por el contrario, acude a recursos tales como la comicidad y el *non sequitur*. La escena final en *Esperando a Godot* (1953) podría llegar a ser tan conmovedora como el cuadro de Kaspar David Friedrich *Dos hombres contemplando la luna*, si no fuera porque a

Estragón se le caen los pantalones al no llevar cinturón. En *Fin de partida* (1957), esa pareja decrépita que son Nagg y Nell, ambos pudriéndose en sus cubos de basura, podrían también brindarnos una enternecedora imagen si no fuera porque tienen un débil carácter distintivo. Sus muestras de amor se reducen a un grotesco e infructuoso intento por besarse sus bocas desdentadas y sus arrumacos son arañazos «en el vacío». La pieza teatral *Comedia* (1963) es otro ejemplo de la degradación del patetismo. Estos tres individuos presos en sus vasijas funerarias, a quienes la luz tortura sin ninguna explicación, podrían fácilmente obtener la simpatía del público si no fuera por ese tedioso triángulo amoroso que mantienen en una historia llena de clichés.

Lo trágico a menudo se evita simplemente con la suspensión de la conclusión, como se puede apreciar en *Fin de partida* y en *Los días felices* (1961). En el primer caso, cuando se acaba la obra, nos quedamos sin saber si Hamm salvó al niño de morirse de hambre o si Clov realmente abandonará a Hamm, dejándolo solo en el búnker. Como novelista oral que es, mitad bardo mitad bufón, Hamm relata una historia, probablemente su propia historia, acerca de un hombre que en una época de una atroz hambruna pedía auxilio para su hijo, que desfallecía en un lugar remoto «a una distancia de medio día a caballo» (Beckett, 1990: 117). La urgencia de la situación da pie a una tensión dramática, pero no conduce a una conclusión. Lo mismo pasa con Clov cuando amenaza con dejar a Hamm, ciego y paralítico, solo en el búnker. La obra termina dejando a la audiencia en medio de un suspense sin resolver. En *Los días felices* se acude a la misma estratagema, pues termina con Willie avanzando cuesta arriba por el montículo, de forma que no podemos concluir si está subiendo al montículo para coger el arma y pegarse un tiro, para acabar con Winnie con un *coup de grâce* o simplemente para quedarse allí con ella.

Edipo, Antígona y Creonte son claros ejemplos de un orgullo desmesurado. Lear y Macbeth, Fedra y Atalía son personajes pasionales que provocan el asombro. Los personajes beckettianos, sin embargo, no parecen ni nobles ni intrépidos, y se mueven entre la mediocridad y la indecisión. Vladimir y Estragón desisten de tomar decisiones extremas como la de ahorcarse en *Esperando a Godot*; Hamm abandona la idea de arrastrarse fuera del búnker hasta la muerte en *Fin de partida*; Winnie es incapaz de enfrentarse a la extraña situación en la que se encuentra en *Los días felices*, lo mismo que les ocurre a Flo, Vi y Ru, los personajes en *Vaivén* (1966). Son estos ejemplos de comportamiento cómico que alejan a los personajes de Beckett de la tragedia.

Debe señalarse, no obstante, que si sus textos teatrales contienen una inequívoca, aunque peculiar, comicidad, no puede decirse que sean exactamente comedias. Al contrario que Molière, Beckett no aspira a corregir las costumbres ni acaba sus piezas teatrales con la restauración de la armonía propia de las comedias. La verdad es que el teatro de Beckett ni siquiera es teatro dramático. La acción, por ejemplo, en un impulso claramente contrario a los principios de Aristóteles, va disminuyendo progresivamente; la causalidad no se incluye como elemento estructural de la obra; la confrontación de diálogos, algo que constituye la esencia misma del drama, se transforma en una charla intrascendente; el presente no desemboca en el futuro y las obras, por lo general, despliegan finales inconclusos o que vuelven al punto de partida.

Las obras teatrales de Beckett transitan a través de la solemnidad y la seriedad sin llegar a ser trágicas. También pueden favorecer la comedia, provocar la risa y ejercitar la ironía; pueden leerse como parodias sin poder clasificarse como puramente cómicas. De hecho, en algunos de sus textos la dimensión cómica está del todo ausente. Conviene recordar, en este sentido, el enfado de Beckett cuando escuchó en palabras del director norteamericano Alan Schneider que una actriz, que formaba parte del elenco en el estreno de *Nana* (1981), Irene Worth, decía que la obra era «muy divertida». Beckett estaba decepcionado por la falta de sensibilidad de la actriz ante la naturaleza emocional del texto y le dijo a Schneider que *Nana* no tenía nada de gracioso (Brater, 2013: 173). A mi parecer, considerando los variados tipos de humor que despliegan las obras de Beckett, *Nana* ocuparía el lugar correspondiente al texto más serio, mientras que *Esperando a Godot* ocuparía su lugar en el extremo opuesto como texto más cómico o, al menos, el que hace un mayor uso de los recursos cómicos. «Chistes manidos, zapatos que aprietan y que apestan, sombreros que saltan de una cabeza a otra» (Cohn, 1968: 211): estos son algunos de los números chaplinescos y de comedia circense que los personajes realizan en *Godot*. En *Nana*, por el contrario, no hay acción, la mecedora se balancea de forma automática, la mujer es igual de pasiva que el público que tiene delante, pues en ambos casos escuchan la voz de ella. No hay nada aquí que invite a la risa.

Me gustaría proponer una reflexión sobre la comicidad y la seriedad en Beckett basándome en una comparación entre estrategias de distanciamiento y de inmersión que se encuentran en cinco de sus textos teatrales: *Esperando a Godot, Fin de partida, Comedia, Impromptu de Ohio* (1981) y *Nana*. La poética teatral de Bertolt Brecht contrasta el *Verfremdungseffekt* (efecto de distanciamiento) con el efecto de ilusión, considerando negativamente el ilusionismo como una especie de alienación. Las primeras obras de Beckett también emplean un tipo de alejamiento, pero su ataque se dirige más bien contra el drama como forma, no exactamente contra el drama como ilusión. Más adelante, sustituirá el alejamiento metateatral con otra estrategia literaria que llamaré técnica inmersiva. No se debería confundir la inmersión con el ilusionismo. Tal y como yo la entiendo, la inmersión no engaña al público, más bien lo introduce en la situación que se representa en escena. La inmersión, de todas formas, no es un procedimiento mimético, sino una estrategia de desplazamiento: lenta y casi imperceptiblemente se lleva a cada miembro del público al escenario, más concretamente, a la mente del personaje solitario.

La distancia cómica que hallamos en las primeras obras se puede atribuir a un rasgo parecido a la parodia. Así como Cervantes parodiaba las persistentes, antiguas y anacrónicas novelas de caballería, Beckett parodia el insistente, imperecedero y anticuado teatro de corte aristotélico. La parodia opera a través de un giro en el significado de los pilares dramáticos tradicionales. *Esperando a Godot* y *Fin de partida* desestabilizan de forma programática las expectativas del público que asiste al drama, provocando, seguramente por este orden, extrañamiento, risa y reflexión.

Un drama se supone que tiene un principio, un medio y un final. Pero la temporalidad en *Esperando a Godot* es circular, *Fin de partida* empieza cuando todo está acabado y en *Play*, por ejemplo, se repite la acción dos veces. Se espera que el diálogo dramático, ya de por sí agónico, sea la fuerza motriz que empuja a la acción. Sin embargo, el diálogo en *Esperando a Godot* no es sino una charla intrascendente para matar el tiempo, mientras que *Play* avanza sin ningún diálogo, pues parece más una confesión extraída bajo tortura. *Fin de partida*, además, una obra al borde de la parálisis, exige que Hamm use repetidas veces la cantinela «vamos bien», como un dictamen que confronta lo que la trama se niega a desarrollar. También se espera verosimilitud, pero en *Godot* la noche cae en cuestión de segundos y el árbol no es tanto un árbol como un símbolo. Las ventanas paralelas al final del búnker en *Fin de partida* dan a un mar exánime y a una tierra baldía siguiendo ángulos que no son reales. Tanto en *Los días felices* como en *Play*, los personajes se entierran o se encierran en unas condiciones surrealistas. Desde el principio, la causalidad en estas obras es una tarea fallida, puesto que dependen de personajes sin memoria. Y la cuarta pared, que debería ser un límite infranqueable, acaba derrumbándose, aunque de forma sutil. A través de esas grietas no solo los personajes detectan fugazmente lo que hay al otro lado (*au-delá*), sino que también el público siente un ligero escalofrío cuando se siente detectado por los seres que habitan de este lado (*en-deça*).

En *Godot*, casi al final del segundo acto, después de que Pozzo y Lucky abandonan la escena, Vladimir emprende un soliloquio sobre la condición de la existencia humana, no solo como una condición del sufrimiento («Con un pie en la tumba y con otro en un nacimiento difícil [...]. El aire se llena de nuestros llantos»), sino también como una condición de incertidumbre («¿Dormía yo, mientras otros sufrían? ¿Estoy durmiendo ahora?»). Mientras contempla a Estragón que dormita, Vladimir divaga sobre la posibilidad de que sea él mismo el que duerma y el que sea observado, como lo es su compañero. Dice Vladimir: «También alguien dice de mí, "Está durmiendo", "no sabe nada", "deja que duerma"» (Beckett, 1990: 84). Durante un momento la cuarta pared se desquebraja y los dos espacios distinguibles en el teatro, el público y la escena, son conscientes de la existencia del otro. De una forma más humorística, *Fin de partida* muestra a Clov revelando al público su propia existencia cuando mira por su catalejo: «Veo... una multitud... transida... de risa» (Beckett, 1990: 106).[1] También Winnie, al principio del segundo acto en *Los días felices*, disfruta al sentirse observada por el público: «Alguien todavía me mira. [*Pausa*]. Todavía se preocupan por mí. [*Pausa*]. Eso es lo que encuentro maravilloso. [*Pausa*]. Ojos que se encuentran con los míos» (Beckett, 1990: 160).

La parodia, que normalmente produce un efecto cómico, puede que no alcance ese objetivo si su objeto se reverencia irremediablemente. En esto sigo a Freud, que en *El chiste y su relación con lo inconsciente*, nos recuerda que «la caricatura, la parodia y la farsa (así como su contrapunto práctico, el desenmascaramiento) se dirigen contra personas y objetos que exigen autoridad y respeto, y que son, en cierto sentido, "sublimes"» (Freud, 2003: 325). El efecto cómico en estos casos se basa en desprenderse de tal reverencia. Como Freud expuso con claridad en relación con la caricatura: «Esto está sujeto a la condición de que la presencia real del objeto exaltado no nos obligue a mantener una actitud reverencial» (Freud, 2003: 324). Una vez dicho lo anterior, quizá no esté tan fuera de lugar considerar la recepción primera del teatro de Beckett como existencial, como teatro del absurdo, y no como parodia. ¿No sería posible pensar que el obstinado respeto de los críticos por el drama aristotélico les hiciera pasar por alto los rasgos metalingüísticos de obras como *Esperando a Godot* y *Fin de partida*? Entender los elementos burlescos de estas obras exige un distanciamiento crítico del drama tradicional.

1. Tras el estreno de *Fin de partida* en el Schiller Theater de Berlín en 1957, Beckett suprimió esta línea. Al evitar que los espectadores tomaran conciencia de ellos mismos, el autor preservaba la atmósfera claustrofóbica del interior del refugio. El elemento metateatral de la obra, no obstante, se mantiene a través de otros medios de distanciamiento, como cuando Hamm toca el muro y siente los ladrillos huecos, lo que podría indicar su percepción de una pared escenográfica; o a través de la frase que Clov repite, «las cosas siguen su curso», intentando salvar la progresión dramática de la obra, por no decir nada de la provocación de empezar una historia cuando todo, o casi todo, ya ha terminado.

El distanciamiento, creo yo, es la clave para acceder a la comicidad de las obras de Beckett. Para destacar las formas más precisas de este distanciamiento, creo que merece la pena compararlo con el *Verfremdugseffekt* brechtiano.

El alejamiento brechtiano o efecto de alienación tiene fundamentalmente un objetivo político: es una estrategia para combatir la ilusión del realismo y una manera de hacer que el público reflexione sobre su papel en los procesos políticos, sociales e históricos. El teatro épico de Brecht tiene un objetivo didáctico por el cual los actores, el director y el dramaturgo manipulan a los personajes para defender sus postulados políticos. El teatro épico es algo más que un encuentro entre seres ficticios y el público, es un encuentro entre los artistas y el público, y tiene como objeto desmitificar los mecanismos por los que conocemos nuestra sociedad. Si a través de este proceso se alcanza la comicidad, esto será puramente fortuito. El principal objetivo es el de liberar a los espectadores de la narcosis del teatro ilusionista y despertar en ellos el deseo de llegar a un conocimiento más profundo de los condicionamientos políticos e históricos de los personajes, así como de ellos mismos. Como Jacques Rancière apuntó: «El teatro es una asamblea donde la gente común toma conciencia de su situación y discute sus intereses, como decía Brecht siguiendo a Piscator» (Rancière, 2008: 12). Lo que aquí se asume, por tanto, es un hueco cognitivo entre la escena y el público, en donde los seres en el escenario tienen la misión de iluminar a los seres en las butacas.

La forma en la que Brecht logra sus objetivos depende, no obstante, de técnicas concretas de representación. El ejemplo de la escena callejera para explicar el teatro épico es bien conocido. Cuando el testigo de un accidente de tráfico en la calle intenta relatar lo que ha pasado a otros viandantes, le pueden tomar en serio o no, pero demostrará, según su punto de vista, qué les pasó a la víctima y al conductor; en definitiva, cómo ocurrió todo. Los actores del teatro épico imitan esta forma de relatar los hechos, tomando y a la vez desprendiéndose de los personajes en cuestión, sin ninguna intención de asumir sus identidades. El objetivo es el de defender un punto de vista. Brecht, de esta forma, está más cercano al teatro griego que a lo que, después del Renacimiento, conocemos como drama. En el teatro antiguo los actores llevaban máscaras, las cuales manifestaban la singularidad emocional de cada ser mitológico, cuya historia se supone que estaban contando, de forma que los actores estaban exentos de fundirse con los personajes. De todas formas, cuando Brecht, y Beckett a continuación, empezaron a escribir sus obras, el teatro dramático e ilusionista todavía prevalecía. El teatro épico y el de Beckett son simplemente formas distintas de enfrentarse al mismo género.

El alejamiento en Beckett, sin embargo, opera de forma distinta. El sesgo político con tintes didácticos está ausente en sus obras de teatro, y no se espera que los actores se distancien de sus personajes. No quiero decir con esto que las obras de Beckett no tengan una dimensión política, sino que para seguirles la pista necesitamos un enfoque distinto, precisamente lo que Theodor Adorno hizo en sus lecturas de este autor: la crítica social puede revelarse a través de la investigación formal. Por otro lado, no estoy diciendo que Beckett sea un defensor del teatro ilusionista, especialmente porque en sus obras tardías aparecen seres que no se encuentran en el mundo material, sino en el mental. En sus obras tardías aparecen seres extraños que están atrapados en la «cámara hemisférica»[2] o cavidad craneal, seres que son difíciles de imitar de la forma en la que se imita a una persona real.

Por tanto, a través de actos de desestabilización dramática que frustran las expectativas formales del público que acude al teatro, y que están más cercanas a las versiones del distanciamiento de los formalistas que a las que Brecht representaba, Beckett nos insta, como espectadores, a prestar atención a otros elementos que no son la trama ni la acción; nos insta a desconfiar de los pilares del teatro dramático. Al tiempo que rompe nuestras expectativas dramáticas, Beckett critica los elementos básicos del género. Hay que observar que este mecanismo a su vez proporciona el distanciamiento necesario para la risa. También recordaremos, como se señaló anteriormente, que en el teatro de Beckett los actores están sujetos a personajes. Por muy extraños y complejos que sean, los personajes toman cuerpo en los actores, que ofrecerán en primer lugar el distanciamiento necesario para que el público se ría. Otro mecanismo que genera la risa, y que es válido considerar, radica en el hecho de que los personajes suelen sufrir algún tipo de limitación: son marginados o tienen algún defecto cognitivo, por ejemplo. Estas características hacen que, al principio, los espectadores tengan un sentimiento de superioridad (y de ahí el distanciamiento) que facilita también la risa. Lo que llama la atención de Beckett, sin embargo, es que entre los pilares desestabilizados y profanados del juego dramático también se hallan los propios espectadores.

La sutil ruptura de la cuarta pared, como se ha dicho, nos incluye a nosotros junto con otros elementos esenciales, aunque anticuados, del hecho teatral como el diálogo, la causalidad, la unidad dramática, etc. Evidentemente, los espectadores del teatro nunca se verán sobrepasados, pero es el público teatral el que debe y

2. Esta expresión, que se encuentra en *Compañía* (1980), resume una tendencia en las obras de Beckett, tanto dramáticas como en prosa, en las que el cráneo se convierte en lugar privilegiado donde se generan palabras e imágenes.

tendrá que ser reinventado, parece decirnos Beckett. Así, en un segundo momento, el distanciamiento cómico que previamente se creó se transformará en un estupor cómico (cuando los espectadores se descubren a sí mismos), lo que puede conducirnos a una saludable risa a nuestra propia costa: hemos sido descubiertos, nos han pillado.

La risa inicial surge tanto de nuestra superioridad en relación con lo que ocurre en la escena como de lo extraño de la obra, la cual, además de representar una situación ficticia concreta, nos intriga en relación con cuestiones formales y estéticas. La risa que sale de ahí es nuestra risa de nosotros mismos cuando los personajes desvelan la presencia de los espectadores. Pero aquí no acaba el proceso. A este estupor, que fácilmente se siente como cómico, le sigue una toma de conciencia seria de nuestra posición. El público que se mira en el espejo puede comprobar ahora cuál era su papel en la obra: guardianes del inconsciente de los personajes (como se aprecia en *Esperando a Godot*), impasibles *voyeurs* que observan cómo sufre otro ser humano (como en *Los días felices*) y, al igual que actúa la luz como una forma de tortura en la obra *Comedia*, los espectadores pueden llegar a sentirse responsables del estado infernal de los seres que están en escena, a los que se les fuerza para que cuenten sin parar sus historias insignificantes.

El distanciamiento cómico, por tanto, dirige a los espectadores hacia una autorreflexión seria y concienzuda, por medio de la cual se resalta su posición incómoda dentro de la representación: mirones, insensibles y responsables del sufrimiento de otros. La seriedad es, de hecho, el tono que adoptan las obras tardías del autor, aunque a través de distintos mecanismos y objetivos. Si bien textos como *Esperando a Godot*, *Fin de partida*, *Los días felices* y *Comedia* apuntan fundamentalmente a temas metalingüísticos, obras posteriores como *Nana* e *Impromptu de Ohio* siguen, creo yo, un camino bien distinto:[3] estas piezas teatrales se aventurarán en una nueva forma teatral, la cual, por un lado, desestabiliza los marcos de referencia del género y, por otro, al realizar esta acción, encuentra para el público un nuevo rol durante la representación dramática. Lo que sigue a continuación es un breve análisis de estas obras, en donde se señalará el difícil equilibrio entre lo cómico y lo serio en *Impromptu de Ohio* y la ausencia total de recursos cómicos en *Nana*.

Cuando se trabaja un texto como *Impromptu de Ohio* es importante tener en mente que se escribió para un evento concreto. Como es bien sabido, Stanley

---

3. Este camino distinto contiene, no obstante, elementos de su primer teatro tales como el interés por la mente o la exploración metalingüística. Pero aquí el papel que se confiere al público cambia considerablemente.

Gontarski le pidió a Beckett que escribiera algo para poder presentarlo en el simposio organizado por la Ohio State University en honor del 75 cumpleaños del autor. El texto, por tanto, fue diseñado desde un primer momento para un público en particular: estudiosos, profesores, especialistas en literatura anglosajona y expertos en la obra de James Joyce y de Samuel Beckett.

Como recuerda Enoch Brater, «Beckett le dijo a un sorprendido Alan Schneider» (al que se había invitado a dirigir la representación) «que el público allí congregado en Columbus se reiría cuando se alzara el telón de la obra» (Brater, 2013: 126). La sorpresa de Schneider es comprensible, porque el cuadro, bastante austero, que constituye el centro de la obra, y que muestra a dos hombres mayores idénticos, ambos con melenas blancas y vestidos con abrigos oscuros, uno leyéndole al otro de un libro antiguo, no tiene nada de risible. Pero el 9 de mayo de 1981, cuando se alzó el telón, el público se echó a reír, y seguiría riendo, o al menos sonriendo, durante toda la actuación.

Los espectadores se reían, en primer lugar, por el efecto de espejo entre el escenario y el patio de butacas: los espectadores se veían a sí mismos en tareas diarias. A continuación, reconocían inmediatamente su objeto de estudio: Joyce y el propio Beckett. El sombrero en la mesa era sin duda joyceano y el acto de lectura apunta a la figura de Joyce, casi ciego, al que le ayudan unos devotos lectores. Sin mencionar otras alusiones que de inmediato serían reconocidas por una audiencia tan erudita: la referencia a la Isla de los Cisnes, en el Sena, por donde Joyce y Beckett solían caminar juntos; la referencia al insomnio de Beckett, que aquí se llama «noche blanca», que es «la traducción del francés *nuit blanche*, una noche en vela, que esconde además un juego de palabras con *Whiteknights*, el lugar en el que se sitúa el Archivo Beckett en la Universidad de Reading» (Brater, 2013: 132), y finalmente el juego de palabras entre el acto de leer y el nombre de la universidad.

Estos elementos fácilmente reconocibles son, en mi opinión, trampas que desvían la atención del público de lo que importa de verdad: una experiencia estética nueva y sorprendente. Creo que después de haber hecho hincapié en el sesgo crítico de sus primeras obras, que exploraban los aspectos metalingüísticos y el alejamiento concomitante, Beckett ahora podía, en época posterior, emprender un nuevo camino en su intento por reducir la distancia entre el público y los personajes. O más bien, en su intento por situar al público en una posición distinta, tal y como indiqué anteriormente. A primera vista, *Impromptu de Ohio* revela un rasgo cómico o risible en relación con la gratificación que reciben los espectadores al sentirse reconocidos por los elementos especulares en el escenario, puesto que se sienten animados a ejercitar su labor de detección de posibles pistas para interpretar la obra, como si por medio de esta estratagema se sintieran protegidos por un entorno muy familiar. En un segundo momento, sin embargo, la actuación, que tiene lugar fundamentalmente a través de la historia que se lee de un libro en el escenario, conduce progresivamente a un cambio gradual en la posición del público, desde una risa distanciada hasta una profunda intimidad.

Resumamos primero la trama de la obra: dos hombres idénticos interpretan una escena de lectura y de escucha. El Lector recita las últimas páginas de un libro y así escuchamos una historia que en su final coincide con la escena que estamos observando. Después de la pérdida de un ser querido, un hombre sufre de insomnio. Para consolarlo y para hacerle compañía, la persona difunta, muy querida para él, le envía un visitante nocturno, idéntico a él mismo, que se sacará un libro del bolsillo y leerá una historia que parece la historia de la vida del Escuchante. Todas las noches, el doble visita al otro hombre y después se va, hasta que un día decide quedarse y los dos hombres acaban la obra mirándose el uno al otro, perdidos en los abismos de la conciencia: la reunión posible de los que están separados. Si quisiéramos añadir un elemento risible más a la obra, sería el hecho de que el Escuchante golpea la mesa cuando quiere que el Lector repita un pasaje del libro. En una especie de comunicación mecánica por ellos ejecutada, el gesto del Escuchante, seguido por la respuesta automática del Lector, podría ejemplificar un tipo de comicidad bergsoniana.[4] Sin embargo, ninguna otra acción en la obra es divertida y el texto, leído despacio, nos habla de la pena y del final de la propia vida.

La estrategia de inmersión a la que me refería antes se alcanza a través del libro que nosotros, los espectadores, contemplamos sobre la mesa. Para ser más precisos, la inmersividad es producto tanto del libro que vemos sobre la mesa como de la historia que de ahí sale y que estamos escuchando. Estos dos elementos son los responsables del efecto de inmersión, el cual desplaza a los espectadores hacia una situación poco habitual. Puesto que la historia que se lee nos dice que el doble llega con un libro, asumimos que el libro que estamos escuchando es el mismo libro que vemos sobre el escenario. El libro en el escenario, por tanto, es la materialización de la historia en el libro. El público, contaminado poéticamente por el libro en el escenario (un libro que se menciona en la historia), se ve inmerso en una espiral descendente de libros dentro de otros libros y se ve arrastrado por una *mise en abyme* irresistible e imperceptible. El libro contiene una historia triste que

---

4. Para Bergson, el efecto cómico depende de la percepción de un mecanismo inanimado que opera en un ser humano.

nos habla de un libro que contiene una historia triste que nos hablará de un libro en una regresión infinita. El abismo muestra el camino conforme el público se sumerge en la conciencia del personaje: «Hacia este refugio, hacia su punto más profundo, hacia esta distancia infinita es hacia donde se conduce al público cuando contempla la escena hasta el final» (Vasconcellos, 2017: 182). No es alejamiento el mecanismo que tiene lugar aquí. *Impromptu de Ohio* despliega dos niveles narrativos claramente diferenciados: uno que funciona con el distanciamiento y que favorece la risa de los especialistas y otro que es inmersivo y que favorece la compasión. La obra conduce a los espectadores al mismo lugar en el que los personajes terminan su actuación, los lleva a lo que Beckett llama «las profundidades de la mente» o *«abîmes de conscience»*.[5] El «rostro querido» que ha fallecido, se nos dice, ha enviado un doble para hacer compañía a la persona amada; el autor, delicadamente, dirige a los espectadores también a esa misma situación. Sería posible entender el cuadro final de la obra, cuando los dos símiles se miran fijamente, no solo como la reunión de alguien que antes estaba separado, sino también como la reunión del personaje y el espectador. En otras palabras, el público ha sido transportado desde el lugar en el que se encuentran los archivos de Samuel Beckett, en Whiteknights, hasta un insomnio real. El nivel cómico de la obra da lugar a un nivel serio en el que no hallamos *ninguna ironía*, solo una triste y punzante historia de alguien que necesita consuelo.

Enoch Brater, en un comentario bastante perspicaz, recuerda los «dominios separados, pero interrelacionados» que funcionan en esta obra:

> La dualidad más importante de *Impromptu de Ohio* es, por supuesto, la que existe entre la ficción y el drama, entre la historia que se cuenta y la «escena insólita» de Beckett. Es, finalmente, en este conflicto donde recae la principal tensión dramática en esta pieza. Cada historia se apoya en la evocación de un vocabulario dramático distinto, una se basa en el lenguaje que se lee de un libro y la otra se transmite a través de gestos corporales [...] Entre ambos lenguajes, uno escrito en forma de diálogo y el otro coreografiado a través del movimiento, Beckett pone el acento en la simetría y la integración. Cada uno hace avanzar al otro ofreciendo apoyo mutuo para fomentar la interdependencia de una espléndida metáfora escénica (Brater, 2013: 134).

---

5. Beckett utiliza esta expresión en francés. Si en inglés los personajes están «buried» [enterrados] en «profounds of mind» [las profundidades de la mente], en francés se trata de «abîmés» en «abîmes de conscience». En francés hallamos una referencia más explícita a la figura literaria que mencionamos aquí, la «mise en abyme» [puesta en abismo o estructuras abismadas].

Los comentarios de Brater refuerzan la presencia de una estructura de dos niveles en la obra, que también se construye a través de pares: escena, texto; imagen, palabras; escenario, público; Escuchante, Lector; hombre, doble; y podríamos también añadir a la lista: distanciamiento, inmersividad; risa, empatía. Incluso el oxímoron con el que Beckett resume la relación entre el personaje y el difunto ser querido, «solos juntos», refleja como en un espejo todos los pares que se han mencionado anteriormente. Por no mencionar la bonita imagen de la corriente de agua que rodea la pequeña Isla de los Cisnes: «... a través de gozosos remolinos los dos brazos se juntaban y fluían siguiendo su curso» (Beckett, 1990: 446).

En *Impromptu de Ohio* la poética de inmersividad de Beckett depende del juego de espejos, de la duplicación y, por encima de todo, de la estructura de *mise en abyme* que la enmarca. También en *Nana* se hace uso de una estrategia inmersiva, especialmente a través de la repetición y de imágenes poéticas descendentes. Ambas obras comparten las mismas características contemplativas, como señala Jonathan Kalb:

> *Impromptu de Ohio* dura veinte minutos y está escrita en el mismo estilo que *Nana*, *No yo* y *Comedia*, es decir, un cuadro meticulosamente esculpido permanece inmóvil todo el tiempo, permitiendo a los espectadores meditar sobre su significado metafórico mientras un fluir de palabras emana del escenario, guiando la meditación (Kalb, 2013: 49).

Ambas obras comparten el ritmo propio de las canciones de cuna, como el actor David Warrilow confesaba a Kalb:

> La mejor indicación que Beckett me dio al inicio de la experiencia de *Impromptu de Ohio* fue que la tratara como un cuento que se cuenta para dormir, y que fuera relajante. No siempre salía así en la representación, pero creo que puede ser una forma muy satisfactoria de acercarse al texto. También es una idea muy bonita, que el Lector le cuente al Escuchante una historia para dormir (Kalb, 2013: 60).

Pero si en *Impromptu de Ohio* podemos detectar algunos elementos cómicos, en *Nana* estos elementos simplemente no existen. Resumiré lo que con mucha imaginación podríamos llamar la trama de la obra. Una mujer en medio de la oscuridad está sentada en una mecedora que oscila de forma automática. Mientras tanto escucha su propia voz que recita un poema, el cual tiene forma de letanía. Este poema describe un sendero descendente, una especie de viaje emprendido por una persona que ansía compañía, que ansía encontrar «a alguien como ella /

una criatura como ella / algo así como [...] un alma gemela / otra alma gemela» (Beckett, 1990: 437). Esta es su búsqueda, recitada en cuatro movimientos:

> 1. El personaje está fuera de la casa, moviéndose de un sitio para otro, en busca de otra persona, pero al no encontrar a nadie entra en la casa.
> 2. La mujer está en el interior de la casa, junto a la ventana, buscando a alguien detrás de otras ventanas.
> 3. Sigue en el interior de la casa, mirando a través de la ventana y buscando a alguien como ella. Además del hecho de que no puede encontrar a nadie detrás de los cristales, las demás ventanas tienen las persianas cerradas.
> 4. Se da por vencida, cierra ella también la persiana, se baja de la escalera de mano, se sienta en la mecedora igual que su madre solía hacerlo, cierra los ojos y se transforma ella misma «en su otro yo / su propia alma gemela».

Este ir y venir de la mecedora, la mujer rodeada de oscuridad y el poema en tono de letanía que describe un camino descendente son recursos inmersivos que, gradualmente, llevan al público a otra situación más cercana al personaje. Pero aquí Beckett rechaza cualquier rasgo de patetismo que, por ejemplo, sí se detecta en *Impromptu de Ohio*.[6] Naturalmente, es conmovedor observar a esta mujer solitaria que, llevada por las circunstancias, se ha dividido en dos, cuerpo y voz, para hacerse compañía. Pero al final de la obra, cuando hemos caído en la trampa inmersiva y compartimos con ella una sensación de intimidad, nos vemos no obstante arrancados de allí y de vuelta a una situación que no es la misma de la que partíamos inicialmente, sino de toma de conciencia. Jonathan Kalb intentó atrapar la mecánica de esta estrategia en absoluto cómica. Como él mismo explica:

> La experiencia primordial de *Nana* es la de una canción de cuna, un ritmo invariable de palabras que nos arrulla y nos lleva hacia un estado de calma hasta que nos sobresalta una expresión, «Que se joda la vida», cerca del final, lo que nos hace percibir, al menos en los últimos momentos de la mujer, una malicia más acusada de lo que su estado anterior, cercano a la catatonia, parecía indicar (Kalb, 2013: 12).

Para Kalb, la narrativa en su conjunto funciona como «un extenso predicado que se niega a resolverse» (Kalb, 2013: 12). El texto, nos dice, despliega construcciones apositivas y frases con participio y oraciones subordinadas que parece que no acaban nunca, excepto cuando nos acercamos al final y una acción deliberada de la

---

6. Si en *Nana* el tono es amargo, en *Impromptu de Ohio* es nostálgico.

mujer se describe así por la Voz: «... y [ella] seguía meciéndose, diciéndose a sí misma [...], que deje de mecerse, que cierre los ojos, que se joda la vida» (Beckett, 1990: 442). Las últimas palabras de la obra funcionan como una sorpresa que nos conmociona y nos perturba, puesto que una canción de cuna se supone que nos debe hacer dormir, no extinguirse ni tampoco despertar en nosotros una amarga lucidez.

Si «ese est aut percipe aut percipere»,[7] el «que se joda la vida» representa a la mujer descargando su frustración por no ser vista ni por ver ella misma a nadie. Para los espectadores, además, «que se joda la vida» es, en mi opinión, una advertencia impactante. Si traemos a la memoria el estado de ánimo inicial de la mujer, según nos narra la Voz, estaba desesperada por encontrar a un igual —«todos los ojos / por todos lados / arriba y abajo / por otra / otra como ella / otra criatura; como ella misma» (Beckett, 1990: 435)—. Pero no pudo encontrar a nadie, como se ha dicho, «detrás de los cristales», porque las ventanas tenían, como se ha dicho, «las persianas cerradas». Se debe hacer notar el uso de palabras homófonas por parte de Beckett, puesto que «pane» [cristal de una ventana] suena como «pain» [dolor], y «blind» [persiana] referido a la ventana, también significa «blind» [ciego], el que no puede ver.

Como la figura en el escenario se muestra como un ser compuesto de dos partes, una mitad como una mujer y otra mitad como su madre, lo mismo ocurre con estas palabras destacadas, «blind» y «pane», en la economía del texto. La letanía arrulla al público, apuntando a un estrato más sutil en el que «blind» se refiere no solo a las ventanas sino también a la gente, mientras que la frase «behind the pane» [detrás del cristal] podría también referirse a «behind, the pain» [detrás, el dolor]. Las persianas cerradas podrían por tanto indicar personas ciegas, ojos ciegos. Así, «behind, the pain» estaría indicando que no es posible calmar el impulso visual cerrando la ventana, como en otros casos. El acto de mecerse, podemos inferir, no apacigua la obsesión visual, la necesidad del otro, sino que simplemente la dirige hacia adentro, lo cual engendra consecuencias: la escisión entre cuerpo y voz, la fusión entre la madre y la hija. Nótese que incluso el estrato teatral se alude también aquí. Del mismo modo que las «persianas cerradas» separan a la mujer de otros como ella a nivel ficticio, la convención de la cuarta pared separa a la mujer de otros «seres vivientes» que se sientan enfrente de ella. Si dejamos que resuenen las imágenes poéticas construidas por la letanía, podríamos llegar a darnos cuenta de algo así: cada ventana cerrada es el límite que separa un dolor de otro. De todas

---

7. «Ser es tanto percibir como ser percibido». La fórmula de George Berkeley la traslada Beckett a escena en *Nana*.

formas, el público ha caído en la trampa dramática y se siente «solos juntos» con la desdichada mujer. Aunque no por mucho tiempo.

Cuando se emite bruscamente la frase «que se joda la vida», esta va acompañada de la orden de que se interrumpa el movimiento hipnótico de la mecedora y que esta se detenga, lo cual se dice al mismo tiempo que se le ordena a la mujer que descanse la vista y que ponga fin a su fallida búsqueda desesperada de recuerdos. Y la mecedora en el escenario, de hecho, se detiene, y la mujer en el escenario cierra los ojos, bajando la cabeza («cabeza caída» es la expresión). La puesta en escena, además, parece repetir, en parte (eso lo sabemos por la historia que nos cuenta la Voz), lo que hace tiempo le pasó a la madre de la mujer: que, vestida de negro con sus mejores galas, se meció hasta morir y que, «fuera de sí», siguió meciéndose hasta que acabó «con la cabeza caída». La mujer y su madre continuaron meciéndose hasta que sus cabezas cayeron, pero la mujer cuenta con el privilegio de que su mecedora se acabó deteniendo. En la dirección de escena se lee: «Conjuntamente: el eco de "que deje de mecerse", la mecedora deja de mecerse y un lento fundido en negro» (Beckett, 1990: 442).

«Que se joda la vida» es un elemento que impacta y que crea distanciamiento pero que emerge, de todas formas, de un discurrir que busca el arrullo y no provoca la risa, más bien despierta una toma de conciencia. Los mecanismos de *Nana* parecen sugerir la ruptura de ciertos patrones: el tranquilizante arrullo, la repetición de un desasosiego (representado tanto por la mujer como por su madre) y el distanciamiento entre el escenario y el público. Al igual que ocurría con *Catástrofe* (1982), con ese sutil gesto final que muestra al sumiso protagonista rebelándose contra el autoritarismo, «que se joda la vida» muestra cómo la mujer se rebela contra el automatismo y nos incita, a los espectadores, a que rompamos también los patrones.

Si las obras dramáticas de Samuel Beckett no son exactamente ni comedias ni tragedias, a él se le podría considerar como un autor comitrágico, como señaló Ruby Cohn. El término me parece relevante, puesto que lo cómico, que es evidente en la mayoría de sus obras, siempre va contextualizado en una situación de desolación. A través de estas reflexiones también quiero indicar que es posible detectar un camino en la dramaturgia de Beckett que transcurre desde el distanciamiento cómico hasta el acercamiento íntimo. Como he intentado demostrar, al público que acude a ver obras como *Esperando a Godot*, *Fin de partida*, *Los días felices* y *Comedia* se le brinda la distancia suficiente para que ría; esa distancia se transforma abruptamente en una conmoción en el momento en el que los espectadores y los actores se miran unos a otros. La obra, en este sentido, proporciona a los espectadores la oportunidad de ser conscientes de su propio papel en el juego dramático.

Beckett, no obstante, sustituye el movimiento que parte de un distanciamiento cómico, y que encontramos en su primer teatro, por otras estrategias en sus obras tardías. El plan inmersivo de *Impromptu de Ohio* conduce a los espectadores a un lugar distinto dentro del juego teatral. En un claro movimiento de aproximación y profundización, Beckett nos ofrece, al público, un lugar nuevo y contrario a la comedia: acompañaremos a una persona solitaria como sombras compasivas en las profundidades de dos soledades. *Nana*, por su parte, alcanza la intimidad como un paso necesario para llegar a un despertar conjunto, una impactante lucidez, que parece urgirnos a que detengamos el automatismo y que se rompan los patrones, incluido el de la cuarta pared.

REFERENCIAS BIBLIOGRÁFICAS

BECKETT, Samuel (1990): *The Complete Dramatic Works*, Londres, Faber.

BECKETT, Samuel (2005): *Catastrophe et autres dramaticules traduit par l'auteur*, París, Minuit.

BERGSON, Henri (2012): *Le rire. Essai sur la signification du comique*, París, PUF.

BRATER, Enoch (2013): *Beyond Minimalism: Beckett's Late Style in the Theater*, Nueva York / Oxford, Oxford University Press.

BRECHT, Bertold (1964): *Brecht on Theatre: The Development of an Aesthetic*, Londres, Methuen.

COHN, Ruby (1968): *Samuel Beckett. The Comic Gamut*, New Jersey, Rutgers University Press.

FREUD, Sigmund (2003): *Jokes and Their Relation to the Unconscious*, Chippenham, Penguin Classics.

KALB, Jonathan (2013): *Beckett in Performance*, Cambridge, Cambridge University Press.

RANCIÈRE, Jacques (2008): *Le spectateur emancipé*, París, Fabrique.

VASCONCELLOS, Claudia Maria de (2017): *Samuel Beckett e seus duplos: espelhos, abismos e otras vertigens literárias*, São Paulo, Iluminuras.

EL HUMOR Y LA DEGRADACIÓN EN LAS RELACIONES HUMANAS EN LA NARRATIVA DE BECKETT
EL CASO DE *MOLLOY* Y *MALONE MUERE*

María Jesús López Sánchez-Vizcaíno
Universidad de Córdoba

INTRODUCCIÓN

En las introducciones y aproximaciones generales a Samuel Beckett, el humor tiende a incluirse en la relación de rasgos principales que caracterizan la obra del célebre escritor y dramaturgo irlandés. Así, numerosos críticos literarios y también muchos filósofos han señalado una y otra vez la importancia del humor tanto en sus textos dramáticos como en los narrativos. En el campo de la filosofía, es el caso de Theodor Adorno (2003), Wolfgang Iser (1981) y más recientemente Simon Critchley (2002, 2004) o Alain Badiou (2003); en el de la crítica literaria, es el caso de contribuciones absolutamente seminales en la recepción de Beckett como pueden ser la de Ruby Cohn (1962), W. Hugh Kenner (1961, 1964) o Martin Esslin (1961). Ante tal unanimidad crítica, y tal y como la experiencia lectora de los textos de Beckett corrobora, nuestro punto de partida en este trabajo puede ser la afirmación inequívoca de que hay humor en Beckett. Ahora bien, determinar cómo se produce ese humor, qué formas adopta y sobre todo qué efectos produce en el lector y qué significados o implicaciones críticas genera resulta algo mucho más complejo. Puede ser incluso complicado afirmar de manera categórica qué pasajes o momentos de los textos de Beckett contienen humor. Y ello porque, como Laura Salisbury ha afirmado, aunque asumimos de manera más o menos unánime que hay una dimensión cómica en Beckett, no es fácil extraer una cita o un fragmento de su obra que funcione claramente como un chiste o una broma, o que de manera aislada provoque el tipo de reacción jocosa que solemos asociar con el humor y la comedia (2012: 1).

Dada la complejidad y multitud de dilemas lingüísticos, narrativos, teóricos y filosóficos a los que nos lleva el tratar de abordar la dimensión cómica del escritor irlandés, en la primera parte del capítulo trataré de realizar una síntesis de las principales lecturas y aproximaciones críticas que se han hecho del humor en Beckett. A continuación, en la parte principal de este trabajo, centrada en las novelas de *Molloy* y *Malone muere* e inspirada por la importancia que Anderton (2016) ha dado al humor en Beckett como vinculado a la degradación humana, me propongo señalar el humor que se genera a partir de lo que podemos calificar como la degradación en las relaciones humanas: relaciones entre padres/madres e hijos o entre amantes que carecen del afecto y el entendimiento mutuo que cabría esperar de dichos vínculos y que se caracterizan, en cambio, por la falta de comunicación, la ausencia de empatía e incluso la violencia y la agresividad. En la presentación de dichas relaciones, el humor se produce mediante el uso constante de la ironía; la construcción de un relato excesivamente minucioso, aparentemente lógico y esclarecedor, pero en realidad repleto de digresiones, repeticiones y contradicciones que generan confusión e irresolución semántica; la presencia de actos de comunicación e interpretación fallidos o absurdos, y, por último, en el caso de las relaciones entre amantes, por medio de la parodia de la idealización romántica y erótica a través del énfasis en el deterioro y las limitaciones físicas. El humor resultante es un humor que no suele funcionar de manera inequívoca ni aislada, sino siempre acompañado por otras reacciones y sensaciones como el tedio, la irritación, la incertidumbre, la frustración o incluso la tristeza. Citando a Shane Weller, «las obras de Beckett enfatizan repetidamente lo extraño de la risa y plantean la cuestión de si realmente se puede saber, cuando alguien cuenta un chiste, de qué nos estamos riendo y por qué, o incluso si alguna vez podremos saber si nos estamos riendo o no» (2005: 50).

EL HUMOR EN BECKETT: UNA REVISIÓN CRÍTICA

Sin pretender llevar a cabo un análisis exhaustivo, me gustaría comenzar señalando las principales tendencias críticas que encontramos en las interpretaciones que se han hecho del humor en Beckett. En primer lugar, el humor en Beckett ha sido abordado en relación con diferentes tradiciones literarias. Así, Ruby Cohn, en *The Comic Gamut* (1962: 9), califica a Beckett como heredero de la tradición cómica de Rabelais, Jonathan Swift, Alfred Jarry y James Joyce. La influencia de Joyce en el tipo de humor que Beckett desarrolló es indudable, en su dimensión más lingüística –se trata de escritores que explotaron de manera radical las posibilidades creativas e inventivas del lenguaje, con las posibilidades humorísticas que ello genera–, pero también en un tipo de humor obsesionado con el cuerpo, la sexualidad y la escatología. Y esta conexión con Joyce nos lleva a la necesidad, sin duda, de situar la comedia beckettiana dentro de una tradición literaria irlandesa y una tradición cultural gaélica, tal y como hizo Vivian Mercier en su estudio *The Irish Comic Tradition* (1962).[1]

El humor de Beckett también ha sido abordado en relación con cierta tradición cultural europea. La analogía con Rabelais ha sido señalada en numerosas ocasiones, a menudo en relación con la lectura que Bajtín realizó del escritor francés como culminación de una tradición europea popular de realismo grotesco, caracterizada por la atención a la vida material y corporal y por la degradación, abordadas desde la risa y lo cómico.[2] No podemos dejar de mencionar el libro clásico de Kenner, *Flaubert, Joyce and Beckett: The Stoic Comedians* (1962), en el que Kenner defiende cómo estos tres escritores cultivan un tipo especial de novela en la que Beckett funciona como el comediante del *impasse* –una idea a la que volveré después–, Joyce del inventario y Flaubert de la enciclopedia: en los tres casos el libro funciona como un sistema cerrado en el que el escritor juega con la materialidad de las palabras, los hechos y los objectos hasta la extenuación o el callejón sin salida.

Por otro lado, Martin Esslin, en su influyente ensayo *The Theatre of the Absurd*, aborda el humor en Beckett en relación con el tipo de teatro que empezó a producirse en Europa en la primera mitad del siglo XX. Esslin le otorga al humor en el teatro del absurdo lo que él llama «un efecto terapéutico» (2004: 414). En el teatro del absurdo los espectadores se enfrentan cara a cara con la angustia y la desesperación de la condición humana, y precisamente el ver formuladas y representadas sus ansiedades es lo que hace que se puedan liberar de ellas. Y aquí es donde entra en juego el humor y lo que Esslin califica como una risa liberadora, que permite reconocer la dimensión absurda del universo, de modo que los espectadores de *Esperando a Godot* se ríen de Vladimir y Estragón, pero también de ellos mismos.

En la interpretación de Esslin del humor en el teatro del absurdo como liberación subyace una de las tres teorías que explican cómo se generan el humor y la risa, según el estudio clásico de John Morreall *Taking Laughter Seriously* (1983);

---

1. La relación de Beckett con esta tradición literaria irlandesa y los escritores que forman parte de ella no deja de generar lecturas; véase, por ejemplo, el artículo de Marjorie Perloff, «Beckett in the Country of the Houyhnhms: The Transformation of Swiftinian Satire» (2010).

2. Señalo, como ejemplo, el artículo de David Musgrave «The Abtract Grotesque in Beckett's *Trilogy*» (2004), aunque se han hecho muchas más lecturas en esta línea.

se trata de la teoría del alivio, formulada por Herbert Spencer y más tarde por el propio Freud en *El chiste y su relación con lo inconsciente* (1905), según la cual la risa funciona como liberación de energía nerviosa o reprimida. Junto a esa teoría encontramos la teoría de la superioridad, que se origina en Platón y que desarrolla Hobbes, según la cual la risa se produce a partir de un sentimiento de superioridad sobre los demás. La tercera teoría es la teoría de la incongruencia, cuyo origen se encuentra en Francis Hutcheson y que también desarrollan Kant y Schopenhauer, que afirma que el humor se origina a raíz de la incongruencia, o falta de adecuación o coherencia, entre nuestras expectativas, entre lo que esperamos y lo que efectivamente sucede. En su tesis doctoral sobre Beckett, Michella Bariselli (2018) ha analizado de manera exhaustiva estas tres teorías, mostrando cómo las tres, especialmente la teoría de la incongruencia, sirven para iluminar algunos aspectos del humor en Beckett, si bien ninguna de ellas puede funcionar como marco único de explicación, pues siempre hay momentos o experiencias de humor en Beckett que escapan a dicho marco.

Por otro lado, en su aproximación al humor en Beckett, los críticos han vuelto una y otra vez a la teoría desarrollada por Henri Bergson en su conocido ensayo *La risa: Ensayo sobre la significación de lo cómico* (1984 [1900]). La tesis principal de Bergson es que lo cómico se deriva de lo mecánico insertado en lo vivo; es cómico cualquier incidente que hace que el cuerpo de una persona se comporte como el de una cosa o una máquina. Sin duda, esta es una dimensión cómica que Beckett explota sobremanera, especialmente en su obra dramática, y que ha llevado a la comparación de los personajes de Beckett con los del cine mudo de principios del siglo XX y la comedia de Charles Chaplin, Buster Keaton, Harold Lloyd, Laurel y Hardy o los hermanos Marx; en todos los casos se trata de un tipo de humor centrado en lo físico, con un énfasis importante en la debilidad y la rigidez del cuerpo, en los gestos repetitivos y los movimientos mecánicos. Este humor también abunda en la narrativa de Beckett, cuyos personajes adoptan posturas físicas anómalas, extrañas o ridículas. Pensemos por ejemplo en el célebre inicio de *Murphy*, en el que nos encontramos a este personaje atado con siete bufandas a su querida mecedora. Esta posición de Murphy es representativa de la posición en la que encontramos a muchos personajes beckettianos: una posición de confinamiento o parálisis en la que sus movimientos se encuentran extremadamente restringidos. Ello frecuentemente va unido al deterioro físico: los personajes de Beckett se caen continuamente, tienen todo tipo de taras o dolores, cojean, llevan muletas. Debido a esta debilidad física a menudo emplean la bicicleta como medio para poder desplazarse, pero lo que suele suceder es que la bicicleta acentúa aún más su incapacidad para controlar su cuerpo y sus movimientos, generando el tipo de humor propio del *slapstick* o comedia física.

La atención al efecto cómico derivado de lo físico y lo material a menudo se ha llevado a cabo desde una aproximación existencialista y humanista al humor en Beckett, tal y como hemos visto en el caso de Esslin. La conocida afirmación de Nell en *Fin de Partida* de que «nada tan divertido como la desgracia» ha sido citada una y otra vez para justificar la interpretación de cómo el humor en Beckett está intrínsecamente unido a su exploración de la condición humana, una condición humana marcada por el sufrimiento, la angustia y la imposibilidad de encontrar un sentido. Para Ruby Cohn, por ejemplo, el repertorio de técnicas cómicas de la *Trilogía* quiere transmitir una sensación de lo que ella llama «ironía cósmica» (1962: 155), que muestra cómo la posición del ser humano en el mundo está determinada por la imposibilidad de saber y poseer certezas. En *On Humour* (2002), Critchley argumenta que cuando nos reímos de los personajes de Beckett, en realidad nos estamos riendo de nosotros mismos; según este autor, se trata de una risa que, cuando se desvanece, deja paso a una tristeza que nos hace conscientes de cuán absurda es la presencia del ser humano en el universo. Como ha explicado Paul Sheehan, para esta tendencia crítica el humor en Beckett tiene una función catártica, terapéutica y redentora que permite transformar el pesimismo antihumanista y la alienación en exaltación y heroísmo humanista (2002: 153).

Esta lectura existencialista de Beckett no ha estado reñida con la atención a lo que podríamos llamar la textura lingüística de la obra de Beckett: la atención a los múltiples recursos verbales y lingüísticos que Beckett explota en sus textos para producir humor: juegos de palabras, repeticiones, series matemáticas, paralelismos sintácticos, permutaciones, digresiones, confusiones, ironías, etc. Todos esos recursos constituirían lo que Christopher Ricks (1993: 83) ha llamado «syntax of weakness», utilizando la expresión del propio Beckett. Esta atención a la dimensión lingüística y textual del humor empezó haciéndose desde una tendencia más formalista y humanista –como es el caso del estudio de Ruby Cohn– que luego derivó en estudios con un corte más postestructuralista y antihumanista como el de Carla Locatelli *Unwording the World* (1990).

Y así llegamos a la tendencia crítica que encontramos en contribuciones recientes, una tendencia que se opone a la interpretación del humor en Beckett como iluminación del heroísmo trágico de la condición humana y que pone el énfasis en la indeterminación y la ambigüedad semánticas e interpretativas que caracterizan la experiencia del humor en Beckett. Con diferentes matices, este sería el caso de las contribuciones de Weller (2005), Salisbury (2012) y Bariselli (2018).

EL HUMOR Y LA DEGRADACIÓN EN LAS RELACIONES HUMANAS

En este apartado me gustaría prestar atención al humor que se origina en Beckett a partir de lo que podríamos calificar como la degradación en las relaciones humanas, una degradación que surge de la incapacidad de los personajes beckettianos para relacionarse y comunicarse con otros seres humanos de manera equilibrada y normal; de su deficiencia en relación con sentimientos y acciones tan fundamentales y habituales como el amor, las relaciones sexuales o el simple acto de mantener una conversación que tenga sentido. Ello lo vemos en *Molloy*, la primera novela de la *Trilogía*, publicada en francés en 1951 y en inglés –traducida por el propio Beckett junto con Patrick Bowles– en 1955. En este texto encontramos el tipo de humor que estamos analizando en el pasaje en el que Molloy describe los encuentros con su madre y el modo en que solía comunicarse con ella:

> Me comunicaba con ella golpeándole el cráneo. Un golpe significa sí; dos, no; tres, no sé; cuatro, dinero; cinco, adiós. Me había costado mucho adiestrar a este código su entendimiento arruinado y delirante, pero lo había conseguido. Claro que podía ser que ella confundiera sí, no, no sé y adiós, pero eso no tenía importancia, porque yo también los confundía. Ahora bien, lo que había que evitar a toda costa era que asociara los cuatro golpes con otra cosa que con el dinero. Así pues, durante el periodo de adiestramiento, al mismo tiempo que le daba los cuatro golpes en el cráneo le pasaba un billete de banco por la nariz o se lo embutía en la boca. ¡Hay que ver lo ingenuo que era yo entonces! Porque ella había perdido la noción de mensurabilidad, si no del todo, sí por lo menos la facultad de contar más allá de dos. Hay que hacerse cargo, de uno a cuatro era demasiado para ella. Cuando llegábamos al cuarto golpe creía que era el segundo, los dos primeros se habían borrado de su memoria tan rápidamente como si no hubiesen existido nunca, si bien no acabo de comprender cómo una cosa que no ha existido nunca puede borrarse de la memoria, aunque es algo que vemos todos los días. Debía creer todo el rato que yo le iba diciendo que no, cuando nada estaba más lejos de mis intenciones. A la luz de tales razonamientos, me dediqué a buscar, y acabé encontrando, un medio más eficaz de insuflar en su espíritu la idea de dinero. Consistía en sustituir los cuatro golpes dados con el índice por uno o varios (según mis necesidades) puñetazos en el cráneo. Esto sí que lo comprendía (Beckett, 2006a: 23-24).

El humor en este pasaje se genera a varios niveles. Por un lado, podemos abordarlo como ejemplificador de la teoría de la incongruencia, que, como hemos visto, es una de las principales teorías que explican cómo se produce el humor: nadie espera que alguien se comunique con su madre dándole golpes en el cráneo. Pero no se trata solo del hecho en sí, sino de la sistematicidad y seriedad que Molloy pretende otorgarle a un medio de comunicación que en realidad resulta grotesco y por supuesto fallido. Se trata, por tanto, de un pasaje típicamente beckettiano en el que un personaje sigue un razonamiento aparentemente lógico que en realidad raya en lo ilógico y lo absurdo. Ilustra que, tal y como argumentaba Hugh Kenner, la comedia beckettiana se deriva del razonamiento sistemático aplicado a experiencias totalmente inapropiadas para ello (1973: 184). Por otro lado, según Bergson en su ensayo *La risa*, un síntoma que ineludiblemente acompaña a la risa es «la *insensibilidad*» (1984: 27; énfasis en el original). Cuando nos reímos de alguien, la compasión o el afecto que podamos sentir por esa persona deben desaparecer, al menos momentáneamente. Cuando asistimos a la vida, afirma Bergson, «como espectador indiferente», el drama se convierte en comedia: «Lo cómico, para producir todo su efecto, exige una anestesia momentánea del corazón» (1984: 28). Sin duda, este es un efecto que Beckett continuamente busca en sus textos y que vemos muy claramente en la escena citada anteriormente. Al tratar de la relación madre-hijo, sería muy fácil caer en la sentimentalidad, pero Beckett reduce al mínimo la dimensión humana tanto de Molloy como de su madre, presentándolos como dos criaturas que emiten sonidos y movimientos mecánicos y desprovistos de sentido. Su madre queda prácticamente reducida a la condición de una especie de animal que es adiestrado por Murphy. De esta manera, Beckett establece una distancia entre lectores y personajes, lo que se traduce en falta de empatía o conexión emocional. Y ello es precisamente lo que permite que nos riamos. Eso sí, se trata de una risa incómoda, a través de la cual vislumbramos tanto la crueldad que subyace al hecho de que un hijo trate así a su madre, como la degradación de los dos personajes. Es una risa que pone de manifiesto cuán ridícula y deficiente puede ser la comunicación entre los seres humanos.

Schwalm interpreta la comunicación entre Molloy y su madre a partir de un patrón basado en estímulo y respuesta como representativa de la degeneración de este personaje en un solipsismo y una regresión semánticas. La intersubjetividad deformada y desplazada que encontramos en esta novela se deriva de una subjetividad que sufre de la misma deformación y desplazamiento (Schwalm, 1997: 183). Las búsquedas absurdas del otro que tienen lugar en la *Trilogía* pueden ser vistas como una exteriorización del dilema de la autoconciencia: reconocer al otro implica un conocimiento de sí mismo y viceversa (Schwalm, 1997: 184). Esta imposibilidad del conocimiento de sí mismo y de los demás a menudo se pone de manifiesto a lo largo de la *Trilogía* desde la ironía y el humor, como en el pasaje de *Molloy* en el que el protagonista atropella al perro de una señora que parece llamarse Lousse. Tras el momento inicial de alboroto en la calle, esta señora lo retiene: «Señor, le necesito. Y me figuro que, al ver en mi expresión, siempre reveladora, que la había comprendido, debió de decirse si ha comprendido esto puede comprender lo demás» (Beckett, 2006*a*: 45). En realidad, Molloy no ha comprendido nada, ni llegará a comprender el porqué ni el para qué del vínculo que se establece entre ellos, una relación basada en meras conjeturas y suposiciones por parte de Molloy. Así, de las palabras y el comportamiento de Lousse, Molloy deduce

> que yo le resultaba simpático pese a mi aspecto repugnante y que sería para ella un placer el ayudarme y no sé cuántas cosas más. Conque al parecer yo también la necesitaba a ella. Ella me necesitaba para que la ayudase a hacer desaparecer a su perro y yo la necesitaba no sé para qué. Sin duda me dijo los motivos, pues se trataba de una insinuación que no podía pasar decorosamente por alto como había pasado decorosamente lo anterior, y no vacilé en decirle que yo no la necesitaba ni a ella ni a nadie, bueno, quizá decir esto era un poco exagerado, porque necesitaba a mi madre, porque si no la necesitaba, ¿a qué venía aquel empeño en ir a verla? Esta es una de las razones que me impulsan a hablar lo menos posible. Y es que siempre digo demasiado o demasiado poco, lo cual me apena, pues soy muy amante de la verdad. Y no voy a dejar este asunto, sobre el cual no podré volver ya nunca más, tantos son los nubarrones que se acumulan, sin hacer la siguiente curiosa observación, que a veces, cuando aún hablaba, me ocurría que decía demasiado creyendo decir demasiado poco, o demasiado poco creyendo decir demasiado. Quiero decir que, a la larga, si se pensaba en ello, pecaba en mis palabras por exceso cuando creía haber pecado por defecto, y al revés. Curiosa inversión, ¿verdad?, operada por el simple transcurso del tiempo. En otras palabras, dijera lo que dijese, nunca era suficiente o demasiado poco. Dijera lo que dijese, no me callaba, eso es, no me callaba. Divino análisis, cómo nos ayudas a conocernos a nosotros mismos y, si nos conocemos a nosotros mismos, a nuestros semejantes (2006*a*: 45-46).

Este es otro pasaje típicamente beckettiano en el que el narrador procede a llevar a cabo un análisis que es presentado como lógico y esclarecedor pero que en realidad consiste en una serie de digresiones y contradicciones que no conducen a ninguna parte. Lo fascinante de la narrativa de Beckett es que, a menudo, la cantidad y la extensión de las digresiones es tal que la trama se diluye a favor de una serie inconexa de afirmaciones dubitativas, especulativas y autorreferenciales. En otros pasajes de la narrativa de Beckett encontramos momentos en los que esta estrategia textual es empleada de manera aún más drástica, reduciendo la narración a una serie de proposiciones, listados o hipótesis que son repetidos y permutados hasta la saciedad y el absurdo. Ello se da especialmente en una novela como *Watt*, la última novela que Beckett escribió en inglés, publicada en 1953. En *Watt* el desarrollo convencional del relato desaparece a favor de una narración basada en la profusión de listados y relaciones de actividades; el ritmo narrativo se ralentiza así de un modo un tanto exasperante –pero también cómico– agotando, tal y como ha analizado Jiménez Heffernan, «todas las posibilidades combinatorias de la sintaxis, referencial y verbal» (2006: 150). Se genera así lo que Kenner ha llamado la comedia del *impasse* (1973: 99), que es, según este crítico, la comedia típicamente beckettiana: un tipo de comedia generada por afirmaciones o proposiciones que no contribuyen a generar significado, sino que funcionan a un nivel puramente estilístico. Uno de los pasajes más célebres de este tipo lo encontramos precisamente en *Molloy*, en donde el protagonista, tras llegar caminando hasta la orilla del mar, construye una larguísima disertación en la que narra su lucha para inventar un sistema o método que le permita succionar, sin intervalos ni duplicaciones, una y otra vez, cada una de las dieciséis piedras que guarda, repartidas, en los cuatro bolsillos de su ropa. En este tipo de pasajes el humor va unido a la capacidad de los narradores de Beckett para expandirse y dilatarse hasta la extenuación, una energía y profusión verbales que, aunque en menor medida, encontramos en el pasaje citado anteriormente. De ahí el carácter fuertemente irónico de la alusión de Molloy en dicho pasaje a su impulso a hablar lo menos posible. La ironía también está presente en el ensalzamiento final que Molloy realiza de su reflexión como un ejercicio de «divino análisis» que le ayuda a conocerse a sí mismo y a sus semejantes, cuando en realidad se ha tratado de una sucesión de afirmaciones incoherentes y contradictorias que han puesto de manifiesto todo lo contrario: la imposibilidad del conocimiento de sí mismo y de los demás.

La incapacidad por parte de los protagonistas de la *Trilogía* para conocer y entender a sus semejantes se pone de manifiesto en todo tipo de relaciones, tales como las relaciones supuestamente amorosas o con algún tipo de connotación sexual. Así, cuando Lousse le propone a Molloy que la acompañe a su casa para ayudarle a enterrar a su perro a la vez que parece estar realizando algún tipo de insinuación sexual, ello lleva a Molloy a recordar a la mujer que le enseñó el amor:

> Aquella mujer me hizo conocer el amor. Creo que respondía al apacible nombre de Ruth, pero no puedo certificarlo. A lo mejor se llamaba Edith. Tenía un agujero entre las piernas, no el agujero de tonel que siempre había imaginado, sino una hendidura, y yo introducía, mejor dicho, ella se introducía mi llamado miembro viril, no sin dificultad, y empujaba y jadeaba

> hasta eyacular o renunciar a ello o ser invitado a desistir. Una idiotez de juego, creo yo, y además fatigoso a la larga. Pero me prestaba a él de bastante buen talante, sabiendo que aquello era el amor, porque ella me lo había dicho. Se inclinaba por encima del diván, a causa de su reumatismo, y yo le daba por detrás. Era la única posición que podía soportar, a causa de su lumbago. A mí me parecía natural, porque se lo había visto hacer a los perros, y quedé sorprendido cuando me confió que podía hacerse de otro modo. Me pregunto qué quería decir exactamente (2006a: 77-78).

En su análisis de la representación de las relaciones sexuales en Beckett, Derek Attridge ha señalado cómo Beckett se mofa de una larga tradición de escritura y pensamiento que idealiza los logros del cuerpo (2006: 69). Beckett cultiva un estilo que huye de la emoción, el romanticismo y la excitación que solemos asociar con la actividad sexual. En palabras de Attridge, «[n]os reímos, quizá un tanto incomodados, cuando las acciones con las que asociamos la pasión y el romance quedan representadas como meros movimientos mecánicos» (Attridge, 2006: 70). En el pasaje citado arriba, la descripción aséptica y distanciada que Molloy hace de los órganos sexuales y sus movimientos, el tono especulativo o el modo en que el reumatismo de Ruth o Edith determina la naturaleza de sus encuentros sexuales alejan este pasaje de la prosa romántica o erótica convencional, mostrando el sexo como una actividad mecánica y absurda. Ello también le otorga al pasaje una fuerte dimensión humorística, que en gran medida viene de nuevo provocada por la incongruencia; como Anderton ha analizado (2016: 136), Beckett produce humor describiendo las contingencias del amor o el sexo a través de un lenguaje técnico que no corresponde en absoluto con la sentimentalidad o la pasión que cabría esperar al abordar dichos temas:

> Creo que yo hubiera preferido un orificio menos seco y menos amplio, me hubiera dado una idea más elevada del amor. En fin... Realmente, resulta mucho más cómo hacerlo entre el pulgar y el índice. Pero sin duda el amor no tiene en cuenta tales contingencias. Y quizás el verdadero amor no nace y alza el vuelo muy por encima de las viles minucias cuando uno se encuentra cómodo, sino cuando el miembro enloquecido busca una pared en la que apoyarse y la unción de un poco de mucosa, y al no encontrarlo no se bate en retirada, y conserva su tumefacción (Beckett, 2006a: 79).

La referencia irónica al «verdadero amor» y su capacidad para alzar el vuelo frente a una experiencia protagonizada por orificios, miembros, la mucosa y la tumefacción pone de manifiesto un humor que se produce a través de la degradación, al rebajar lo supuestamente superior, abstracto o ideal a lo físico, lo natural o lo vulgar (Anderton, 2016: 141). Ello también muestra la dimensión del humor beckettiano que estamos explorando en este artículo: el hecho de que se trata de un humor que frecuentemente surge de lo que podemos calificar como una degradación de las relaciones humanas, relaciones que son presentadas como carentes de afecto y en las que suele imperar el absurdo, la falta de comunicación o incluso la violencia. El humor resultante, por tanto, es un humor que no produce en el lector una simple sensación de comicidad o jocosidad, sino que también provoca cierta desazón e incluso tristeza, al tratarse de un humor que pone de manifiesto las limitaciones, la miseria e incluso la crueldad del ser humano.

Encontramos este humor negro en la segunda parte de *Molloy*, en concreto en el modo en que describe la relación entre el detective Jacques Moran y su hijo, marcada por el comportamiento autoritario y tiránico del primero. Ciertamente, como todos los protagonistas de las novelas de la *Trilogía*, Moran parece carecer de la más mínima capacidad para experimentar afecto o empatía hacia sus semejantes, algo que resulta especialmente llamativo cuando se trata de su propio hijo. Esa falta absoluta de capacidad para conectar emocionalmente con su hijo, además de la tendencia de los narradores de Beckett a caer en las limitaciones del lenguaje y de la memoria (De Larquier, 2004: 46), tienen como resultado momentos como el diálogo en el que Moran, tras empezar a experimentar un fuerte deterioro físico que le impide seguir avanzando con normalidad, manda a su hijo a la ciudad más cercana para que compre una bicicleta. Se trata de un diálogo en el que el humor se deriva de la atención minuciosa, desproporcionada y por tanto absurda que Moran le otorga a detalles nimios y a través de los cuales parece estar sometiendo a su hijo a algún tipo de examen o prueba:

> Dónde estamos, dije, y cuál es la aldea más cercana. Me la nombró. [...] Allí, dije, te compras una bicicleta a tu medida, lo más barata posible. Puedes gastarte hasta cinco libras. Le di cinco libras en cambio de a diez chelines. Debe tener un portaequipajes muy sólido, dije, y si no es muy sólido lo harás cambiar por otro que lo sea. Intentaba expresarme con claridad. Le preguntaba si estaba contento. No lo parecía. Repetí las instrucciones y volví a preguntarle si estaba contento. Más bien parecía estupefacto. Quizás a causa de la gran alegría que le dominaba. Quizá no daba crédito a sus oídos. ¿Has comprendido bien? Qué bueno es tener de vez en cuando un poco de conversación (Beckett, 2006*a*: 195).

La ironía es una vez más un elemento fundamental en la producción del humor. El elogio que Moran hace de la conversación con su hijo nos hace ver las grandes limitaciones que caracterizan la interpretación que los personajes de Beckett hacen de la realidad y de sus semejantes: más que una conversación, el intercambio de palabras entre Moran y su hijo funciona en gran medida como un monólogo que muestra la incapacidad de Moran para salir de su solipsismo y su egocentrismo. A continuación, Moran exige a su hijo que repita todo lo que le ha dicho y le ordena que cuente el dinero que le ha dado. Puesto que la cantidad asciende a cuatro libras y diez chelines, le obliga a sacarse todos los objetos que lleva en sus bolsillos, a la vez que recuerda al lector que él se encuentra tendido, debido a su dolencia. Entonces prosigue el interrogatorio:

> Le alargué el dinero. Cuéntalo, dije. Lo contó. ¿Cuánto? Cuatro libras con diez, dijo. ¿Diez qué?, dije. Diez chelines, dijo. Tienes cuatro libras con diez chelines, dije. Sí, dijo. Yo te he dado cuatro libras con diez chelines, dije. Sí, dijo. No es verdad, te había dado cinco. Estás de acuerdo en eso, dije. Sí, dijo. ¿Y para qué crees que te he dado tanto dinero?, dije. Para qué tanto dinero, dijo. Se le iluminó el rostro. Para comprar una bicicleta. ¿Qué clase de bicicleta?, dije. Barata, dijo. ¿Te figuras que una bicicleta de ocasión vale cuatro libras y diez chelines?, dije. No sé, dijo. Yo tampoco sabía nada. Pero no era ahí donde residía el problema. ¿Qué es exactamente lo que te he dicho?, dije. Los dos tratamos de recordar. Tan barata como puedas, dije finalmente, eso es lo que te he dicho. Ah, dijo. No transcribo este dúo en extenso, me limito a indicar los rasgos esenciales (2006a: 197).

Pero Moran no se limita ni mucho menos a indicar los rasgos esenciales. Al contrario, el intercambio entre padre e hijo es reproducido en todos sus detalles, incluyendo digresiones como la alusión al hecho de que a su hijo le apesta la boca porque no se lava los dientes. La secuencia sigue, repleta de digresiones, repeticiones y detalles nimios, creando una profusión verbal que no contribuye a la comunicación y el entendimiento entre padre e hijo, sino todo lo contrario. Cuando finalmente su hijo empieza a alejarse, y Moran le lanza un pedazo de rama, el joven sale corriendo: «Había ocasiones en que verdaderamente no comprendía nada de mi hijo. Debía saber que no podía alcanzarle, ni siquiera con un buen cacho de piedra, y a pesar de ello ponía pies en polvorosa» (2006a: 199). Si por un momento habíamos supuesto que Moran declararía que su hijo no tenía por qué correr, ya que su intención como padre nunca sería la de hacerle daño, su afirmación, en cambio, de que ni siquiera con una piedra podría alcanzarle deja entrever de nuevo su crueldad y falta absoluta de cariño hacia su hijo. Si a ello se le une sus afirmaciones posteriores de que «[q]uizá tenía miedo de que saliera corriendo en su persecución» (2006*a*: 199) y de que «[e]fectivamente, hay algo inquietante en mi forma de correr, con la cabeza echada hacia atrás, los dientes apretados, los codos doblados al máximo y las rodillas casi pegadas al rostro» (2006*a*: 199-200), el resultado es un escenario esperpéntico marcado por la degradación física del personaje, la correspondiente degradación psicológica y emocional, y su absoluta incapacidad para establecer relaciones equilibradas y afectivas con sus semejantes.

En último lugar, me gustaría prestar atención a la siguiente novela de la *Trilogía*, *Malone muere* –publicada en francés en 1951 y traducida al inglés por Beckett en 1956–, en concreto a la relación que establece entre Macmann y su cuidadora, Moll, cuando el primero es ingresado en la institución de San Juan de Dios. Una vez más, la relación entre los amantes se ve radicalmente limitada –a la par que parodiada y ridiculizada– por el deterioro físico de los personajes, que en este caso es especialmente enfatizado dada la avanzada edad de ambos:

> La primera fase, la de la cama, se caracterizó por la evolución de las relaciones entre Macmann y su guardiana. Poco a poco se estableció entre ambos una especie de intimidad, que les arrastró en un momento dado a acostarse juntos y a acoplarse lo mejor que pudieron. Pues dada su edad y su poca experiencia del amor carnal, era natural que no consiguieran al primer intento causarse la impresión de estar hecho el uno para el otro. Macmann se empeñaba en introducir su sexo en el de su compañera como si metiera una almohada en una funda. Pero lejos de desanimarse, se aficionaron al juego y terminaron por, aunque de una perfecta impotencia uno y otra, hacer brotar de sus secos y débiles abrazos una especia de sombría voluptuosidad, apelando a todos los recursos de la piel, las mucosas y la imaginación (2006*b*: 113).

Este pasaje guarda muchas similitudes con los pasajes de *Molloy* analizados anteriormente: de nuevo, el sexo es presentado como una actividad mecánica del que solo es posible obtener un placer limitado a través de una serie de movimientos dificultosos y forzados. La comparación de la penetración con el acto de meter una almohada en una funda funciona como «el más antierótico de los símiles» (Attridge, 2006: 79). Utilizando las palabras de Attridge, se trata por tanto de un pasaje en el que encontramos un «desmantelamiento cómico de todas las convenciones románticas, eróticas y pornográficas» (2006: 78). Este «desmantelamiento cómico» de las convenciones del amor romántico es el principal rasgo de la relación entre Macmann y Moll. Así, frente a una tradición artística y literaria en la que prevalece la idealización y la belleza de la amada, la fealdad de Moll, rozando la deformación –«Papa por ejemplo me decía que parecía un macaco, recuerdo la expresión» (Beckett, 2006*b*: 115)–, es enfatizada por el texto, generando el humor correspondiente: «Y finalmente cambiaron una larga mirada y la boca de Moll se abrió y se hinchó en una horrenda sonrisa, lo cual hizo parpadear los ojos de Macmann como los de un animal al que su amo mira fijamente y por último los obligó a desviarse» (Beckett, 2006*b*: 111). Las convenciones y los clichés del discurso romántico son también parodiados en las cartas que Moll le dirige a Macmann, cartas que «apenas variaban en cuanto a la forma y al contenido, lo cual para Macmann facilitaba mucho las cosas» (Beckett, 2006*b*: 114). En estas cartas, Moll subraya las ventajas de no haberse conocido sesenta años atrás: «... así es mejor, no tendremos tiempo de aprender a aborrecernos, de ver marchitarse nuestra juventud, de recordar la antigua embriaguez en medio de la náusea, de buscar en terceros, cada cual por su cuenta, lo que juntos no podamos ya, en fin, de habituarnos el uno al otro» (Beckett, 2006*b*: 114). Encontramos aquí una síntesis paródica de lo que el lector reconocerá como la evolución habitual de las relaciones de pareja a lo largo del tiempo, una parodia que sin duda provoca un efecto humorístico, pero que también produce en el lector cierto sentimiento de amargura y desazón que se deriva de la visión pesimista sobre las relaciones entre los seres humanos que subyace en ella.

CONCLUSIONES

Tal y como espero haber mostrado en este capítulo, el humor en la narrativa de Beckett se genera no tanto en relación con lo que se cuenta, sino con cómo se cuenta: con el modo en que «un narrador excesivamente escrupuloso» (Attridge, 2006: 73) produce un relato cargado de formalismos y detalles minuciosos y contradictorios, un análisis aparentemente sistemático que en realidad contribuye poco o nada a iluminar y explicar lo que se está contando. En el caso de las relaciones entre padres/madres e hijos y entre amantes, la narración adopta un tono especialmente irónico y paródico que destruye cualquier vestigio de afecto o de comunicación convencional y normalizada. Si a ello se le une el deterioro y la impotencia físicos que suelen caracterizar a los personajes beckettianos, el resultado es lo que hemos analizado como la degradación en las relaciones humanas en novelas como *Molloy* y *Malone muere*. El humor que ello produce es un humor amargo e incluso triste. Es además un humor que suele ir acompañado de la indecibilidad e indeterminación semánticas e interpretativas: nos reímos, pero a la vez nos preguntamos si debemos reírnos y de qué exactamente nos estamos riendo. Se trata de una risa vacilante, dubitativa, incómoda, una risa con la que nos rendimos extenuados ante la profusión verbal, una risa amarga que nos obliga a ver más allá de lo cómico. Es la risa que corresponde a la dimensión fundamental beckettiana tal y como ha sido formulada por Herbert Blau: «It's funny, then it's no longer funny» (2004: 67), «Es gracioso, después ya no tiene gracia». Ni siquiera la risa escapa a la siempre paradójica y contradictoria experiencia beckettiana.

REFERENCIAS BIBLIOGRÁFICAS

ADORNO, Theodor (2003): «¿Es jovial el arte?», en *Notas sobre literatura*, Madrid, Akal, pp. 79-586.

ANDERTON, Joseph (2016): *Beckett's Creatures: Art of Failure After the Holocaust*, Londres, Bloomsbury.

ATTRIDGE, Derek (2006): «Beckett en el Hemisferio Sur. La comedia beckettiana de J. M. Coetzee», en Julián Jiménez Heffernan (ed.): *Tentativas sobre Beckett*, Madrid, Círculo de Bellas Artes, pp. 57-91.

BADIOU, Alain (2003): *On Beckett: An Essay on the Understanding of Evil*, trad. Peter Hallward, Londres, Verso.

BARISELLI, Michella (2018): *Samuel Beckett's Humour: Attuning Philosophy and Literary Criticism*, tesis doctoral, University of Reading.

BECKETT, Samuel (2006*a*): *Molloy*, trad. Pere Ginferrer, Madrid, Alianza Editorial.

BECKETT, Samuel (2006*b*): *Malone muere*, trad. Ana María Moix, Madrid, Alianza Editorial.

BERGSON, Henri (1984): *La risa: Ensayo sobre la significación de lo cómico*, trad. Pedro Peixeira, Madrid, Sarpe.

BLAU, Herbert (2004): *Sails of the Herring Fleet: Essays on Beckett*, Ann Arbor, The University of Michigan Press.

COHN, Ruby (1962): *Samuel Beckett: The Comic Gamut*, New Brunswick, Rutgers University Press.

CRITCHLEY, Simon (2002): *On Humour*, Londres, Routledge.

CRITCHLEY, Simon (2004): *Very Little ... Almost Nothing: Death, Philosophy, Literature*, Londres, Routledge.

DE LARQUIER, Jeanne-Sarah (2004): «Beckett's *Molloy*: Inscribing Molloy in a Metalanguage Story», *French Forum* 29(3), pp. 43-55.

ESSLIN, Martin (2004): *The Theatre of the Absurd*, Nueva York, Vintage Books.

ISER, Wolfgang (1981): «The Art of Failure: The Stifled Laugh in Beckett's Theater», *The Bucknell Review* 26(1), pp. 139-189.

JIMÉNEZ HEFFERNAN, Julián (2006): «Los inventarios de Beckett», en Julián Jiménez Heffernan (ed.): *Tentativas sobre Beckett*, Madrid, Círculo de Bellas Artes, pp. 121-170.

KENNER, Hugh (1962): *Flaubert, Joyce and Beckett: The Stoic Comedians*, Boston, Beacon Press.

KENNER, Hugh (1973): *Samuel Beckett: A Critical Study*, Berkeley, University of California Press.

LOCATELLI, Carla (1990): *Unwording the World: Beckett's Prose Works After the Nobel Prize*, Filadelfia, University of Pennsylvania Press.

MERCIER, Vivian (1962): *The Irish Comic Tradition*, Oxford, Clarendon Press.

MUSGRAVE, David (2004): «The Abstract Grotesque in Beckett's *Trilogy*», *Samuel Beckett Today / Aujourd'hui* 14, pp. 371-385.

PERLOFF, Marjorie (2010): «Beckett in the Country of the Houyhnhms: The Transformation of Swiftinian Satire», *Samuel Beckett Today / Aujourd'hui* 22, pp. 17-32.

RICKS, Christopher (1993): *Beckett's Dying Words: The Clarendon Lectures, 1990*, Oxford, Oxford University Press.

SALISBURY, Laura (2012): *Samuel Beckett: Laughing Matters, Comic Timing*, Edimburgo, Edinburgh University Press.

SCHWALM, Helga (1997): «Beckett's Trilogy and the Limits of Self-Deconstruction», *Samuel Beckett Today / Aujourd'hui* 6, pp. 181-192.

SHEEHAN, Paul (2002): *Modernism, Narrative and Humanism*, Cambridge, Cambridge University Press.

WELLER, Shane (2005): «Last Laughs: Beckett and the Ethics of Comedy», *Journal of Beckett Studies* 15(1-2), pp. 35-59.

«INÚTIL CONTARSE CUENTOS PARA PASAR EL TIEMPO». NARRAR EN LA DESAPARICIÓN DE LA NOVELA

LA TRILOGÍA BECKETTIANA Y EL HUMOR

Manuel Díaz
Universidad Nacional de Rosario

> Mad words, no matter. For I no longer know what I
> am doing, nor why, those are things I understand less
> and less, I don't deny it, for why deny it, and to whom,
> to you, to whom nothing is denied?
>
> *Molloy*

En su encuentro con Samuel Beckett del 24 de octubre de 1968, Charles Juliet refiere que aquel dijo: «Cuando escribí la primera frase de *Molloy* no sabía a dónde me dirigía. Y cuando terminé la primera parte, ignoraba cómo iba a continuar. Todo ha ido viniendo solo. Sin tachar nada. No había preparado nada. No había elaborado nada». Según Juliet, luego de enseñarle el manuscrito de *En attendant Godot*, que, en efecto, «no tiene ningún retoque», Beckett agregó: «Todo ocurría entre la mano y la página» (Juliet, 2006: 24-25).[1] La escritura de Beckett, en este sentido, muchas veces pareciera señalarse a sí misma, incluso pareciera generarse a sí misma, en una apuesta por la autosuficiencia de la literatura con relación al objeto a representar. En el marco de una poética que, paulatinamente, tiende a simplificarse, en una síntesis de los elementos con los que elabora sus narraciones, es posible pensar que el estatuto mismo de narración se ve puesto en cuestión. En efecto, la trilogía beckettiana supone una creciente disgregación de los elementos

---

1. En las referencias bibliográficas se indican los nombres de los traductores. En caso de no estar indicado, las traducciones son nuestras.

narrativos que, en consonancia con Adorno, pone de manifiesto la condición paradójica de la novela contemporánea: «... ya no se puede narrar, mientras que la forma de la novela exige narración» (Adorno, 2003: 42).

En este trabajo nos proponemos leer las novelas que componen la trilogía en función de ciertos pasajes donde los narradores beckettianos se detienen en reflexiones relativas al propio hecho de narrar. En muchas ocasiones, estos pasajes dentro de las obras dejan entrever un tratamiento humorístico respecto del lugar del narrador y de su condición paradójica. En otros términos, permiten poner de relieve una impugnación de las posibilidades narrativas, al mismo tiempo que evidencian una filiación con el género novelesco.

La postulación de estas consideraciones metaliterarias en relación con el hecho de narrar es constitutiva de la poética beckettiana. La escritura de Beckett, en múltiples ocasiones, se señala a sí misma en un juego especular y reflexivo (Wessler, 2009). En ese sentido, es posible pensar esta dimensión de la producción de Beckett en términos de pliegue, tal como lo plantea Deleuze. Según el pensador francés, el pliegue implica una «duplicidad» que «se reproduce necesariamente en los dos lados que él distingue, pero que al distinguirlos los relaciona entre sí: escisión en la que cada término relanza el otro, tensión en la que cada pliegue está tensado en el otro» (2005: 45). De este modo, los pliegues «abandonan sus soportes [...] para entrar en un concurso infinito» (Deleuze, 2005: 51). Al narrar y mostrarse en tanto narración, la escritura beckettiana se mueve entre las dos superficies del pliegue, en un juego donde los límites entre la representación y lo representado se vuelven necesariamente difusos.

Del *OMNIOMNI* al Innombrable: el lugar del narrador

Antes de ocuparnos de la trilogía, quisiéramos traer a colación un texto previo. En *Mercier y Camier*, escrita en 1945, el problema del narrador se postula en términos de su presencia fantasmagórica, o bien en su condición de deidad, que todo lo sabe, pero del que, no obstante, los personajes tienen conciencia (Montini, 2010). Mercier y Camier intentan cubrirse con su paraguas, pero no lo logran, y la lluvia comienza a arreciar.

> With both hands Mercier raised the umbrella high above his head and dashed it to the ground. He used another nasty expression. And to crown all, lifting to the sky his convulsed and streaming face, he said, As for thee, fuck thee. [...]

It is our little omniomni you are trying to abuse? said Camier. You should know better. It's he on the contrary fucks thee. Omniomni, the all-unfuckable (Beckett, 2010, I: 399).[2]

La presencia de un narrador omnisciente es señalada por los propios protagonistas del texto y, así, podríamos pensar que se lo impugna. Esta condición reflexiva de la narración, como veremos, se acentuará en la trilogía, hasta llegar al Innombrable, quien continuamente señala su doble condición: por un lado, intenta contar historias, pero, por otro, *es narrado* por un «ellos» que, al mismo tiempo, se confunde con él. Esta otra presencia es señalada por el Innombrable en términos tales que permiten pensar que se trata, justamente, de un narrador: «But it's more likely the same foul brute all the time, amusing himself pretending to be a many, varying his register, his tone, his accent and his drivel» (Beckett, 2010, II: 345).[3]

Por su parte, Hugh Kenner apunta que el narrador beckettiano es aquel que «puede contarnos todo excepto aquello que usualmente esperamos que los narradores nos cuenten en sus historias» (2011: 120). La novela, según Kenner, puede librarse del virtuosismo si es «suficiente, literal e incluso estúpidamente fiel a su propia naturaleza», que consiste en ser «una resma de papel llena por un hombre que escribe a solas en un cuarto» (2011: 120). En cierto sentido, la exhibición de la escritura en la narrativa beckettiana se encarga de negarse a sí misma como postuladora de la verdad. Si consideramos el final de *Molloy*, encontramos ese espacio de la ficción que se señala a sí misma como ficción. No solo nos hallamos frente a una escritura que se exhibe como tal, sino que es capaz de contradecir lo que se supone real, o bien establece sus propias reglas, sus propias leyes inherentemente ficcionales: «Then I went back into the house and wrote, It is midnight. The rain is beating on the windows. It was not midnight. It was not raining» (Beckett, 2010, II: 170).[4]

El pasaje que se produce entre el *omniomni* de *Mercier and Camier* y la ventriloquía[5] del Innombrable implica un camino hacia el desmonte de las nociones

---

2. «Con ambas manos, Mercier levantó el paraguas por encima de la cabeza y lo arrojó con fuerza al suelo. Usó otra expresión desagradable. Y para coronarlo todo, levantando hacia el cielo su cara convulsa y chorreante, dijo, En cuanto a ti, ¡que te jodan! [...] ¿Acaso estás intentando meterte con nuestro pequeño omniomni?, dijo Camier. Es al revés, es él el que te jode a ti. Es omniomni, a quien de ninguna manera se le puede joder».

3. «Pero probablemente se trate siempre del mismo bruto horrible, que se divierte pretendiendo ser muchos, cambiando su registro, su tono, su acento y sus estupideces».

4. «Entonces volví a la casa y escribí, Es medianoche. La lluvia golpea las ventanas. No era medianoche. No llovía».

5. En el mismo texto se señala este problema: «I think Murphy spoke now and then, the others too perhaps, I don't remember, but it was clumsily done, you could see the ventriloquist»

convencionales de la ficción. Se trata de una construcción poética que señala su condición de artificio de manera constante. En *Mercier y Camier* encontramos «a la vez lo que resta del narrador tradicional, que vaga por el interior del relato, y el precursor del narrador de las novelas francófonas de Beckett, que dice "yo" y se confunde con el objeto de la narración» (Montini, 2010: 54).

En *El innombrable*, todos los personajes son ficciones (Cohn, 1962: 125), muchos de cuyos nombres coinciden con los personajes de ficciones anteriores de Beckett. Murphy, Molloy, Moran, Mercier, Camier o Malone aparecen, espectrales, difuminados: «All these Murphys, Molloys and Malones do not fool me»,[6] afirma el narrador (Beckett, 2010, II: 297). No obstante, ya en *Mercier y Camier* ambos protagonistas se encuentran en un espacio más allá de la vida («The life of afterlife») con Watt. Estas apariciones apuntan a establecer una escritura autosuficiente, en el sentido en el que lo plantea Éric Wessler: una literatura que se «repliega sobre sí misma, se recorta de la fuente externa que la legitimaba, y señala sin miramientos que no se abre hacia ninguna otra cosa, hacia ninguna de las trascendencias misteriosas –sentido, conocimiento, verdad, eternidad, entre otras– que el lector esperaba» (2009: 12).

LA DISOLUCIÓN IRÓNICA Y LA RISA CÓMICA

La relación entre Beckett y los románticos es, en cierto modo, problemática: «... a menudo se burla de ellos, pese a que parece extrañamente atraído (al menos en algunos aspectos) por sus obras» (Van Hulle, 2006: 16). En este marco, Van Hulle examina la vinculación entre el romanticismo y la producción beckettiana en relación con el mito de Prometeo: el problema del acto creativo, y la relación entre creador y creación, es una preocupación que reaparece, de manera explícita, en la escritura de Beckett. Sin embargo, muchas veces esta vinculación se relaciona más con la descomposición que con la composición, con la decreación que con la creación. El Innombrable señala: «For between me and that miscreant who mocked the gods, invented fire, denatured clay and domesticated the horse, in a word obliged humanity, I trust there is nothing in common» (Beckett,

---

(Beckett, 2010, II: 342). («Creo que Murphy hablaba de vez en cuando, los otros tal vez también, no me acuerdo, pero estaba mal hecho, se podía ver al ventrílocuo»).

6. «Todos estos Murphys, Molloys y Malones no me engañan».

2010, II: 297).[7] Según Ruby Cohn, en la trilogía beckettiana asistimos a una progresiva escenificación del quehacer artístico: «*Molloy* muestra la concepción [*making of*] del artista; *Malone muere*, al artista concibiendo [making]; y *El Innombrable*, las reflexiones del artista en torno al arte y el artista» (1962: 118). Su lectura apunta a establecer una continuidad entre las tres novelas, que, *in crescendo*, desarma la idea convencional de ficción. El progresivo abandono de las nociones de argumento, de espacio o de tiempo llevan hacia la mera voz, el murmullo que insiste en hablar, movido por la obligación y la imposibilidad.

Por su parte, Wessler vincula la puesta en escena de la escritura con la tradición de la ironía romántica, en tanto expone su condición reflexiva y muestra el acto mismo de escritura. La crisis de la representación instaura como síntoma una literatura consustancialmente irónica respecto del propio texto. En palabras de Rüdiger Safranski, para los románticos alemanes la literatura se hace irónica cuando «reflexiona sobre sí misma». De este modo, «no solo se cifra en los mundos inventados sino también en la invención de mundos. Es decir, la poesía debe referirse retrospectivamente a sí misma. Esa retrospección equivale a reflexión» (2012: 64). Friedrich Schlegel, a su vez, apunta que «en la ironía todo tiene que ser broma y todo seriedad. [...] Contiene y excita el sentimiento del conflicto indisoluble entre lo incondicionado y lo condicionado, la imposibilidad y la necesidad de una comunicación cabal» (en Lacoue-Labarthe y Nancy, 2012: 127).[8]

En la trilogía beckettiana, nos hallamos frente a textos que de continuo no solo expresan su condición de artificios, sino que también configuran una metapoética que puede leerse en sintonía con la reflexividad que plantea Safranski. No obstante, también es posible ver este problema aun desde otro ángulo. Albert Béguin postula: «Hay que mostrar a la vida que somos capaces de desenmascararla, de hacer de ella un juguete y de *probarnos de esta manera, a nosotros mismos, la supremacía de nuestro espíritu*. Los románticos llamarán *ironía* a este *virtuosismo*» (2016 [1939]: 60. Énfasis nuestro).

Como puede verse, la dominación de la vida a través de la ironía implica, por un lado, virtuosismo y, por otro lado, una supremacía del espíritu. Esta es la

---

7. «Porque confío en que no hay nada en común entre yo y aquel maldito que se burló de los dioses, inventó el fuego, desfiguró la arcilla y domesticó al caballo, en una palabra, obligó a la humanidad».

8. Por motivos de espacio no podemos detenernos en el desarrollo de este tema, pero para ver una lectura exhaustiva del motivo irónico –como lo entiende el Romanticismo– en la obra de Beckett, véase Eastham (2006).

dimensión irónica, que disuelve el mundo desde el *yo*. Ahora bien, nuestra lectura de la trilogía pretende ahondar en otra dimensión, que es, precisamente, la dimensión cómica, según la plantea Massimo Cacciari (2000). En el recorrido que propone nos encontramos en un *más allá* de la forma irónica, en tanto lo cómico desarrolla la aporía de la forma irónica y termina por disolver su sujeto. Si en la ironía se trata de la supremacía del espíritu, en lo cómico el sujeto no es capaz de desenmascarar la vida, sino que su acción «conduce inexorablemente a resultados contrarios a sus propios fines, y toda forma no puede ser concebida más que deformándose en una relación con una infinidad de otras formas posibles» (Cacciari, 2000: 182). Lo cómico finge, inventa proyectos y fines que fracasan y resurgen: el arte contemporáneo, desde la perspectiva de Cacciari, no puede existir sino como reflexivo, como negación de toda armonía, belleza e inmediatez. Se trata del mundo de lo mediado, donde «todo lo que se forma y se construye es producido por la reflexión, o por reglas y leyes reflexivas que no pueden dar lugar a ninguna inmediatez» (2000: 180). La ironía constituye todavía algo inmediato, mientras que lo cómico expone la relación en tanto tal, sin fundamento ni finalidad. Entendemos que la trilogía de Beckett se ubica en este segundo lugar, tal como veremos a continuación.

HACER EL VACÍO: EL HUMOR EN LA DISOLUCIÓN DE LA NOVELA

En una carta a Georges Duthuit fechada en 1949, Beckett se pregunta: «¿Existe, puede existir o no, una pintura pobre, inútil, sin camuflaje, incapaz de la imagen, cual sea, cuya obligación no intenta justificarse?» (1997: 118). En esta pregunta se configura un aspecto clave no solo de la propia *praxis* artística beckettiana, sino del arte contemporáneo en general. La preocupación del propio Beckett se halla, podríamos pensar, muy en consonancia con el lugar que Cacciari señala para el arte contemporáneo. En este apartado, veremos cómo operan algunas de estas líneas en la escritura beckettiana. Tanto en *Molloy* como en *Malone muere* y *El innombrable*, encontramos una construcción poética que solo es posible en tanto reflexiva, y en esa reflexión representa su «negación efectiva, la muerte» (2000: 177).

En *Molloy*, podemos encontrar una multiplicidad de reflexiones que tanto el protagonista como Moran hacen en torno al hecho de narrar. En primer lugar, si bien la prosa, por momentos, pareciera remedar ciertas estrategias del habla coloquial, no son pocos los lugares donde se alude de manera directa al acto de escribir. De hecho, ya en la primera página se nos da a entender que Molloy redacta para alguien, por obligación. Al tiempo que entrega páginas escritas, le son devueltas las que ya escribió, con correcciones. Es un acto que le impide terminar de morir: «What I'd like now is to speak of the things that are left, say my goodbyes, finishing dying. They don't want that [...] When he comes back for the fresh pages he brings back the previous week's. They are marked with signs I don't understand» (Beckett, 2010, II: 3).[9]

Esta primera escenificación de la escritura se ve multiplicada a lo largo de la novela y asistimos a una serie de explicitaciones del carácter artificial del texto que estamos leyendo. La exhibición del artificio manifiesta la futilidad de toda narración. Aquí se abre, en cierto modo, una dimensión cómica. El narrador pone en escena la condición obligada de narrar y la comicidad de esta situación reside en que aquello que sucede es, precisamente, lo contrario de lo que se desea. En su imposibilidad, pese a ella, Molloy continúa: «Not to want to say, not to know what you want to say, not be able to say what you think you want to say, and never to stop saying, or hardly ever, that is the thing to keep in mind, even in the heat of composition» (Beckett, 2010, II: 23).[10]

Esta construcción paradójica implica la imposibilidad de morir, la imposibilidad de narrar y la imposibilidad del silencio. De este modo, como señala Simon Critchley (1998), el desinterés y la desafección que mantienen los personajes respecto de su propia escritura abren la disyunción entre el tiempo narrativo y el tiempo del morir. En ese sentido, la trilogía beckettiana se debate entre «la imposibilidad de narrar o representar, y su necesidad» (1998: 115). En esa contradicción, el rasgo cómico del texto nos devuelve una reflexión narrativa que se halla en sintonía con la incapacidad, la obligación y la injustificabilidad señaladas por Beckett en relación con la pintura.

Molloy narra de manera obligada una historia, la suya, que quiere acabar. Sin embargo, ese movimiento que escenifica la escritura beckettiana se ve, en espejo, dictado por una voz. Toda reflexión se sujeta a una suerte de orden superior: «At last I began to think, that is to say to listen harder» (Beckett, 2010, II: 56).[11] Por otra parte, la narración hace uso de rodeos, de abreviaciones y de expresiones que dan

---

9. «Lo que quisiera ahora es hablar de lo que resta, despedirme, terminar de morir. Ellos no quieren eso [...]. Cuando vuelve a buscar las páginas nuevas, trae de vuelta las de la semana pasada. Están marcadas con signos que no entiendo».

10. «No querer decir, no saber qué se quiere decir, no poder decir lo que se cree que se quiere decir, y nunca dejar de decir, o casi nunca, eso es lo que hay que tener en mente, incluso en el calor de la redacción».

11. «Finalmente, comencé a pensar, es decir a escuchar más fuerte».

cuenta de una indiferencia con relación a lo narrado. Así, Molloy se disculpa por los detalles de su narración («I apologize for these details, in a moment we'll go faster, much faster» [Beckett, 2010, II: 58])[12] o por hacer mención de su culo («'tis my muse will have it so» [Beckett, 2010, II: 74]).[13] Estos desvíos o correcciones se encuentran en sintonía con lo que Bruno Clément (2018) señala como un aspecto central de la narrativa beckettiana, y es el hecho de desacreditarse a sí misma. A diferencia de la ironía romántica, donde el *yo* disuelve el mundo, en la comicidad beckettiana el sujeto también desaparece para dar lugar al vacío. Maurice Nadeau, en un texto contemporáneo a la publicación de *Molloy*, señala que en la primera parte de la novela se narra una vida que, «lejos de ser una entidad cerrada que podríamos explorar desde todos los ángulos [...] se descompone y desintegra lentamente» ante nuestros ojos (2006: 85). Se trata, podemos ver, de la *decreatio*, en la que se indica y se subraya el carácter ascético de la obra. En ese vacío resuena la risa del descrédito.

El detective Moran no tarda en preguntarse si Molloy es una invención suya. En la segunda parte de la novela, leemos:

> Molloy, or Mollose, was no stranger to me. If I had had colleagues, I might have suspected I had spoken of him to them. [...] But I had no colleagues and knew nothing of the circumstances in which I had learnt of his existence. Perhaps I had invented him, I mean found him ready made in my head. [...] For who could have spoken to me of Molloy if not myself and to whom if not to myself could I have spoken of him? (Beckett, 2010, II: 107).[14]

Moran, en su búsqueda, acaba por convertirse en Molloy. Incluso su escritura, en un comienzo plasmada en una prosa y una puntuación convencionales, acaba por asemejarse a la de su perseguido (Cohn, 1962). Ahora bien, podemos también pensar que en la conversión de Moran en Molloy, y la descomposición de ambos, acontece una *decreación* constitutiva de «una narrativa que se destruye a sí misma, un monumento al lenguaje» que niega la obra y «deviene de hecho en una no obra» (Nadeau, 2006: 85). Así como en *Mercier y Camier* presenciamos el encuentro de la pareja con Watt, y allí se habla de Murphy, en *Molloy*, Moran se

12. «Pido disculpas por estos detalles, en un momento iremos más rápido, mucho más rápido».
13. «Es mi musa quien lo dicta».
14. «Molloy, o Mollose, no me era extraño. Si hubiese tenido colegas, habría podido sospechar haberles hablado de él. [...] Pero no tenía colegas y no sabía nada de las circunstancias en las que me había enterado de su existencia. Quizás lo había inventado, quiero decir lo había encontrado ya hecho en mi cabeza. [...] Porque, ¿quién podía haberme hablado a mí de Malone sino yo mismo, y a quién sino a mí mismo podía haberle hablado de él?».

pregunta: «Would we all meet again in heaven one day, I, my mother, my son, his mother, Youdi, Gaber, Molloy, his mother, Yerk, Murphy, Watt, Camier and the rest?» (Beckett, 2010, II: 162).[15] Estas menciones subrayan el carácter solipsista de una escritura que pareciera señalarse en su precariedad, su impotencia y su inutilidad como un movimiento que no responde a nada más que a ella misma y, en última instancia, se empeña en desacreditarse, al buscar descomponer el sentido hacia el vacío.

El descrédito de la escritura no solo opera en el orden de la ficción, donde se expone la condición artificial del texto. También, entendemos, opera en el orden de la impotencia narrativa. Los personajes se enfrentan a desafíos narrativos en los que de antemano saben que fracasarán. Molloy dice: «What a story, God sends I don't make a balls of it» (Beckett, 2010, II: 71).[16] Malone interrumpe sus ficciones para explicitar su tedio respecto de su narración. El Innombrable acota: «... no, that won't work either, no matter, it's a detail» (Beckett, 2010, II: 374).[17] Cacciari ha sostenido que la condición cómica del arte contemporáneo implica la exposición de un fracaso. En el arte pensante, aparece una voluntad como voluntad de no-querer, que no obstante debe «traicionarse» de nuevo y volverse querer-vivir (2000: 191). Sin duda, aquí resuena la sentencia del propio Beckett según la cual «to be an artist is to fail, as no other dare to fail» (Beckett, 2010, IV: 563).[18]

Malone muere anticipa un supuesto plan narrativo donde el protagonista contará cuatro historias. Su plan consiste en un juego, aunque confiesa no haber sabido cómo hacerlo hasta ahora. El texto muestra a Malone en un largo proceso de escritura. Sus ficciones lo acompañan en el «tiempo imposible del morir», dentro del cual «la voz se da la oportunidad de contar historias» (Critchley, 1998: 119). La ficción de Malone le permite un desdoblamiento, donde la reflexión sobre la propia narración abre paso a la alteridad: «And on the threshold of being no more I succeed being another. Very pretty» (Beckett, 2010, II: 188).[19] Esta conciencia de *ser otro* puede ser pensada como la conciencia artística que pone de manifiesto el hecho mismo de la creación, a la vez que diluye el *yo*. Malone, en múltiples ocasiones, se interrumpe y vuelve a comenzar, no sin antes señalar el fracaso de su escritura. Otras veces, directamente interrumpe el relato y pasa a otra cosa: sale de

---

15. «¿Nos volveremos a encontrar en el cielo algún día, yo, mi madre, mi hijo, su madre, Youdi, Gaber, Molloy, su madre, Yerk, Murphy, Watt, Camier y los demás?».

16. «Qué historia, Dios permita que no la cague».

17. «No, tampoco va a funcionar, no importa, es un detalle».

18. «Ser un artista es fracasar, como nadie más se atreve a fracasar».

19. «Y a punto de ya no ser, se me da ser otro. Qué gracioso».

la ficción que escribe para volver a su presente enunciativo. No solo se trata, entendemos, de una forma de señalar el carácter reflexivo de la escritura, que disuelve la frontera entre el sujeto y el objeto, sino que, de algún modo, en las reformulaciones y correcciones de Malone se presenta el fracaso como un acto constitutivo del hecho artístico. De una manera humorística, Beckett presenta una *mise en abyme* donde el narrador es partícipe impotente de su propia narración. Si volvemos sobre la hipótesis de lectura de Ruby Cohn, podemos considerar que estas interrupciones u observaciones de Malone sobre su propia narración operan como la mirada del artista sobre el acto de producir.

> Sapo loved nature, took an interest
> This is awful.
> Sapo loved nature, took an interest in animals [...] (Beckett, 2010, II: 185).[20]

O bien:

> In this country the problem–no, I can't do it.
> The peasants. His visits to. I can't... (Beckett, 2010, II: 190).[21]

Si la escritura les era dictada a Molloy y a Moran, Malone pareciera escribir empujado por una necesidad que no termina de comprender, pero que le permite cierta paz, mientras espera la muerte. Por supuesto, apelar a los relatos es, de antemano, una solución infructuosa para su sufrimiento. Es un recurso que se funde en el fracaso. «The fact is I must be very weak. If there is, anything in it I mean, I shall try to get out of bed, for a start. If not I do not know what shall I do. Go and see how Macmann is getting on perhaps. I have always that resource. Why this need of activity? I am growing nervous» (Beckett, 2010, II: 248).[22]

Malone se mueve, dentro de sus narraciones, con la impronta de un narrador que se asemeja a una deidad capaz de disponer sobre las vidas o las muertes de sus personajes. Exhibe su potestad de matar («Moll. I am going to kill her» [Beckett, 2010, II: 257])[23] o cambia de manera arbitraria el nombre de los personajes. Así, Sapo pasa a ser Macmann sin solución de continuidad: «For Sapo– no, I can't call

20. «Sapo amaba la naturaleza, le interesaban
Esto es horrible
Sapo amaba la naturaleza, le interesaban los animales [...]».
21. «En este país el problema... no, no puedo.
Los campesinos. Sus visitas a. No puedo».
22. «Lo cierto es que debo estar muy débil. Si de algo sirve, debería tratar de salir de la cama, para empezar. Si no, no sé qué haré. Tal vez ir a ver cómo le va a Macmann. Siempre tengo ese recurso. ¿Por qué esta necesidad de actividad? Me pongo nervioso».
23. «Moll. La mataré».

him that any more, and I ever wonder how I was able to stomach such a name till now. So then for, let me see, for Macmann, that's not much better but there is no time to lose...» (Beckett, 2010, II: 222).[24]

No obstante, se configura también una dimensión donde esa escritura se exhibe siempre amenazada por el tedio, en un movimiento que va hacia la nada o, mejor aún, hacia la descomposición, hacia la hechura de un vacío. Así, leemos:

> What tedium. If I went on to the stone? No, it would be the same thing. The Lamberts, the Lamberts, does it matter about the Lamberts? No, not particularly. But while I am with them the other [Saposcat] is lost. How are my plans getting on, my plans, I had plans not so long ago (Beckett, 2010, II: 210).[25]

En su proceso de morir, Malone se cuenta historias hechas de incongruencias, reformulaciones, cambios arbitrarios, muertes. Las exhibe, al escribirlas con su lápiz en su cuaderno, al interrumpirlas cada vez que su lápiz se cae o al ser asaltado por otro pensamiento, como la urgencia por inventariar sus pertenencias. Sin embargo, ese tiempo del morir se encamina hacia la disolución. Se trata, en última instancia, de la situación límite que implica la extenuación de las formas, que se empeñan en perdurar, y del sujeto, que, más allá de su voluntad, se ve cómicamente obligado a proseguir.

En *El innombrable*, por otra parte, encontramos que la voz narrativa opera como una suerte de ventriloquía mediante la que el narrador pareciera *ser hablado* por un ente superior, un amo que lo obliga a sostener un parloteo, un murmullo que podemos suponer infinito. Ya desde las preguntas iniciales se observa cómo la obra se encamina hacia la dilución tanto de toda identidad como de las coordenadas espaciotemporales. El texto es ocupado por una voz sin subjetividad obligada a decir. «My voice. The voice» (Beckett, 2010, II: 386),[26] leemos, en lo que puede pensarse como pérdida de la identidad de la voz narrativa. La aparición de esas irrupciones en el texto da cuenta no solo de la autorreflexión de la escritura beckettiana, sino de una propuesta estética que rechaza toda intención mimética. La propia voz que enuncia es consciente de su condición de ventrílocuo respecto de lo narrado. Incapaz de de-

---

24. «Dado que Sapo... no, no puedo llamarlo más así, y me pregunto cómo pude aguantar un nombre así hasta ahora. Así que entonces dado que, déjenme ver, dado que Macmann, no es mucho mejor pero no hay tiempo que perder...».

25. «Qué tedio. ¿Y si pasara a la piedra? No, sería lo mismo. Los Lamberts, los Lamberts, ¿importan los Lamberts? No, no particularmente. Pero mientras estoy con ellos lo otro se pierde. ¿Cómo van mis planes? Mis planes, yo tenía planes hace no mucho».

26. «Mi voz. La voz».

cir *yo*, exhibe la fantasmagoría del narrador, que habla a través de sus ficciones. Sin embargo, la voz rehúye a su amo. Beckett subraya, por un lado, la imposibilidad de la expresión y, por otro, una condición paradójica y cómica de la obra:

> ... let us be impartial, he thinks he's caught me, he feels me in him, then he says I, as if I were he, or in another, let us be just, then he says Murphy, or Molloy, I forget, as I were Malone, [...] it's always he who speaks, Mercier never spoke, Moran never spoke, I never spoke, I seem to speak, that's because he says I as if he were, I nearly believed him (Beckett, 2010, II: 396).[27]

Aquí hay, entendemos, dos cuestiones. Por un lado, se evoca una figura, que podríamos llamar narrador, compelida a *capturar* la voz, a someterla a una expresión que resultará de antemano fallida. Por otro lado, la voz de un personaje señala ese lugar del narrador. En esa tensión, que muestra el artificio, pero que a la vez muestra la impotencia creativa que sustenta la totalidad de la trilogía, la comicidad del texto se cifra en su misma formulación. Es *en el texto mismo* donde emerge lo cómico, y no ya en una referencialidad, en un espacio exterior. A su vez, el texto muestra su condición improductiva. Ya no es posible narrar, aunque se narra, y cabe preguntarse por qué se narra eso, en lugar de no narrar nada. Es, como dice el Innombrable, un infierno de historias:

> And now one last look at Mahood, at Worm, we'll never have another chance, ah will they never learn sense, there's nothing to be got, there was never anything to be got from those stories, I have mine, somewhere, let them tell it to me, they'll see there's nothing to be got from it either, nothing to be got from me, it will be the end, of this hell of stories... (Beckett, 2010, II: 373).[28]

El infierno de historias articula y da espesor a la dimensión cómica del texto, en el sentido en el que estamos ante una voz que expresa dos polos que, a primera vista, parecen opuestos pero que, sin embargo, se aúnan en la misma imposibilidad paradójica que provoca la risa. Por un lado, la insistencia en narrar, pero por el otro la imposibilidad manifiesta de hacerlo, y el fracaso ante cualquier tentativa.

---

27. «... seamos imparciales, él piensa que me ha capturado, me siente en sí, entonces dice yo, como si yo fuera él, seamos justos, entonces dice Murphy, o Molloy, me olvido, como si yo fuera Malone, [...] es siempre él el que habla, Mercier nunca habló, Moran nunca habló, yo nunca hablé, parece que hablo, eso es porque él dice yo como si lo fuera, casi le creo».

28. «Y ahora echemos un último vistazo a Mahood, a Worm, nunca tendremos otra oportunidad, ah no aprenden más, no puede sacarse nada de ahí, nunca hubo nada que sacar de esas historias, tengo la mía, en algún lado, déjenlos que me la cuenten, verán que tampoco hay nada que sacar de ahí, nada que sacar de mí, será el fin, de este infierno de historias...».

Se trata de un intento por alcanzar la nada, una situación límite donde la novela se desintegra en tanto forma, aunque sin perder de vista que, al negarse como tal, precisamente se constituye en lo negado. Esta doble imposibilidad, de ser y de no ser, se refleja en lo que señala el propio Beckett: «La negación no es posible. Como tampoco lo es la afirmación. Es absurdo decir que es absurdo. Sigue siendo un juicio de valor. No se puede protestar, no se puede opinar» (en Juliet, 2006: 78). De este modo, la voz produce enunciados que apuntan a desacreditar el lugar de la ficción, pero que, a pesar de todo, asumen y reconocen el lugar que la narración ocupa: «... no point in telling yourself stories to pass the time, stories don't pass the time, nothing passes the time, that doesn't matter, that's how it is, you tell yourself stories, then any old thing, saying, No more stories from this day forth, and the stories go on...» (Beckett, 2010, II: 378).[29]

La labor del artista consiste en reducir lo pleno, en un esfuerzo por borrarlo, por deshacerlo y poner allí una nada. Sin embargo, esa nada aún se ubica dentro del horizonte de la representación, al ofrecerse bajo una forma sensible. Sin embargo, la fractura que la forma cómica instaura en el orden de la representación consiste en que, al renunciar a la mímesis, la cuestión, la pregunta y la duda conciernen a la producción, a la representación y a la expresión en tanto tales (Cacciari, 2000).

Ahora bien, hacia el final de la novela encontramos la consumación de la paradoja novelística. Nos referimos al pasaje donde se narra el embrión de un argumento que podría ser un melodrama, o una comedia de enredos, o ambas cosas. En cualquier caso, se narra, pero solo para señalar que esa posibilidad se ha perdido. «They love each other, marry, in order to love each other better, more conveniently, he goes to wars, he dies at the wars, she weeps, with emotion, at having loved him, at having lost him...» (Beckett, 2010, II: 399),[30] y continúa el relato de la pareja. El argumento, sin embargo, no conduce a ningún lado, o bien lleva, una vez más, al fracaso constitutivo de la *praxis* artística: «... I'll never know, there's a story for you, I thought they were over, perhaps it's a new one, lepping fresh, is it the return to the world of fable, no, just a reminder, to make me regret of what I have lost...» (Beckett, 2010, II: 400).[31]

29. «... inútil contarse cuentos para pasar el tiempo, los cuentos no hacen pasar el tiempo, nada hace pasar el tiempo, eso no importa, es así, uno se cuenta historias, después cualquier cosa, diciendo, No más historias a partir de hoy, y las historias continúan...».

30. «Ellos se aman, se casan, para amarse mejor, de manera más conveniente, él va a la guerra, muere en la guerra, ella llora, con emoción, por haberlo amado, por haberlo perdido...».

31. «... nunca lo sabré, ahí hay una historia, pensé que se habían acabado, quizás sea una nueva, fresca, ¿es un retorno al mundo de la fábula?, no, solo un recordatorio, para hacerme lamentar lo que he perdido...».

Beckett, entonces, impugna la forma novelística desde la propia práctica de la novela. En el mismo sentido de la pregunta por una pintura inútil, pero cuya obligación no se justifica, la trilogía beckettiana acaba por señalar la improductividad, la inutilidad y la carencia de significaciones de una empresa narrativa que se dirige hacia el fracaso. No obstante, así como una pintura incapaz de la imagen acontece en la pintura, la narrativa incapaz de narrar se construye mediante la novela. Este vacío de significación, que insiste en la construcción de la nada, que niega la totalidad, es lo que produce la risa. Se trata, sin duda, de una risa incómoda, que no necesariamente es compartida por el lector. Es una risa que apunta hacia la dilución del *yo*, hacia la decreación de la obra y hacia el señalamiento de un fracaso.

CONCLUSIONES

En este trabajo hemos esbozado una lectura de la trilogía beckettiana que atiende a las formas humorísticas bajo las que aparece la reflexión narrativa. Hemos podido ver, en primera instancia, que la narración beckettiana se construye como un hecho reflexivo, pensante y consciente de sí mismo. Desde las primeras obras de Beckett es posible observar esta condición, pero entendemos que en *Mercier y Camier* se produce el punto de inflexión a partir del cual el estatuto del narrador dará un vuelco clave en su práctica escrituraria. Se dará paso a un narrador que se confunde con el objeto de la narración, y que encuentra su culminación en la ventriloquía de *El innombrable*.

Las formas narrativas se constituyen, entendemos, en torno a la operación de un pliegue: se señalan como escritura en el mismo acto de escribir, y ese juego especular se multiplica hasta el infinito. Se produce, en ese marco, una tensión en ambos lados del pliegue, entre la narración y lo narrado. Este hecho vuelve necesariamente difusos los límites entre la representación y lo representado. La escritura autorreferencial y reflexiva, en una primera instancia, se encontraría en relación con los postulados románticos en torno a la ironía. No obstante, a nuestro entender, la escritura de Beckett adopta la forma cómica, y no la irónica. Esto se debe a que la ironía romántica apunta hacia la disolución de un objeto a partir del *yo*, mientras que en la escritura beckettiana se produce un vaciamiento de significaciones que va hacia la nada, y en esa nada se incluye el *yo*. «Al final –le dice Beckett a Charles Juliet–, ya no se sabe quién habla. Hay una desaparición absoluta del sujeto» (2006: 62).

El sujeto, en la trilogía, se convierte, mediante la decreación y la descomposición, en una voz carente de subjetividad. Moran acaba por convertirse en Molloy, Malone se convierte en otros a lo largo de su proceso para dejar de ser y el Innombrable es hablado por alguien más. Las tres novelas señalan un camino hacia la nada, hacia una situación límite donde la novela se disolvería. No obstante, la no voluntad de expresar está aún obligada por la expresión, y en esa tensión se funda el juego de lo cómico dentro de los textos beckettianos. Al impugnar la forma novelística bajo la forma de una novela, la comicidad de la trilogía se sustenta en la articulación de esa paradoja, y no ya en una referencialidad externa. Es en su mismo soporte textual donde se cuela la risa, en la reflexión artística y en el tironeo entre imposibilidad y obligación.

Los personajes de la trilogía escriben, y sus escenas de escritura se muestran explícitamente. Sin embargo, también manifiestan su hartazgo respecto de la escritura, así como la improductividad y el tedio que les produce narrar. Se colocan a sí mismos como sujetos que escriben, pero no tienen la categoría de autor que uno estaría tentado de otorgarles: participan, pero no inventan la ficción (Clément, 2018). Estos personajes que escriben reflexionan sobre su propia práctica con comentarios que desvían la narración y corren el velo para exhibir el artificio, en un desvío que cifra el camino hacia el fracaso. No solo se trata de mostrar un proceso de escritura, sino que además ese proceso se muestra en tanto tal. Al renunciar a la mímesis, o mejor, al demostrar que el afán mimético es imposible, la escritura beckettiana exhibe la expresión en tanto tal, en una imagen desnuda que carga con la impronta de la nada. Lo cómico resulta, en efecto, del hecho de llevar adelante una acción pese a la conciencia de sus contradicciones: narrar pese a la imposibilidad de narrar; desarmar la forma en el marco de la forma. Las reflexiones de los narradores de la trilogía, consideramos, exponen esa condición pensante de un arte que disuelve el *yo*, que señala su fracaso inevitable y, mediante la decreación, postula un vacío, una condición límite.

REFERENCIAS BIBLIOGRÁFICAS

ADORNO, Theodor W. (2003): *Notas sobre literatura*, trad. A. Brotons Muñoz, Madrid, Akal.

BECKETT, Samuel (1997): «Carta a Georges Duthuit», *Beckettiana* 6, pp. 117-118.

BECKETT, Samuel (2010): *The Selected Works of Samuel Beckett*, Nueva York, Grove Press, 4 vols.

BÉGUIN, Albert (2016 [1939]): *El alma romántica y el sueño*, trad. M. Monteforte Toledo, Ciudad de México, Fondo de Cultura Económica.

CACCIARI, Massimo (2000): *El dios que baila*, trad. V. Gallo, Buenos Aires, Paidós.

CLÉMENT, Bruno (2018): *Beckett*, Saint-Denis, Presses Universitaires de Vincennes.

COHN, Ruby (1962): *Samuel Beckett: The Comic Gamut*, New Brunswick, Rutgers University Press.

CRITCHLEY, Simon (1998): «Who Speaks in the Work of Samuel Beckett?», *Yale French Studies* 93, pp. 114-130.

DELEUZE, Gilles (2005): *El pliegue. Leibniz y el Barroco*, trads. J. Vazquez y U. Larraceleta, Buenos Aires, Paidós.

EASTHAM, Andrew (2006): «Beckett's Sublime Ironies: The *Trilogy*, *Krapp's Last Tape*, and the Remainders of Romanticism», *Samuel Beckett Today / Aujourd'hui* 18, pp. 117-129.

JULIET, Charles (2006): *Encuentros con Samuel Beckett*, trad. J. Escobar, Madrid, Siruela.

KENNER, Hugh (2011 [1962]): *Flaubert, Joyce y Beckett. Los comediantes estoicos*, trad. R. Vargas, Ciudad de México, Fondo de Cultura Económica.

LACOUE-LABARTHE, Philippe y Jean-Luc NANCY (2012): *El absoluto literario. Teoría de la literatura del romanticismo alemán*, trads. C. González y L. Carugati, Buenos Aires, Eterna Cadencia.

MONTINI, C. (2010): «Le spectre du narrateur dans *Mercier et Camier* et *Mercier and Camier*», *Limit(e) Beckett* 1, pp. 54-71.

NADEAU, Maurice (2006 [1951]): «Samuel Beckett: el humor y el vacío», *Casa del tiempo* 87, pp. 84-86, en línea: <https://www.uam.mx/difusion/casadel tiempo/87_abr_2006/casa_del_tiempo_num87_84_86.pdf>.

SAFRANSKI, Rüdiger (2012): *Romanticismo. Una odisea del espíritu alemán*, trad. R. Gabás Palás, Barcelona, Tusquets.

VAN HULLE, Dirk (2006): «"Accursed Creator": Beckett, Romanticism, and "the Modern Prometheus"», *Samuel Beckett Today / Aujourd'hui* 18, pp. 15-30.

WESSLER, Éric (2009): *La Littérature face à elle-même. L'Écriture spéculaire de Samuel Beckett*, Ámsterdam / Nueva York, Rodopi.

BECKETT Y EL HUMOR
HACIA UNA RISA CONTENIDA EN LOS POEMAS

Lucas Margarit
Universidad de Buenos Aires

La obra de Beckett se ha caracterizado por ciertas formas de representación que están ligadas a repensar el humor desde el gag gestual hasta los juegos de palabras. En este trabajo nos centraremos en su obra poética, donde podremos advertir aspectos relacionados con el humor que luego se manifestarán en su obra dramática o narrativa, incluso ensayística. Un tópico que nos parece importante señalar es el modo en que lo trágico deviene en risible siguiendo algunos patrones filosóficos que le interesaron a Beckett desde el comienzo de su carrera, tal es el caso de Fritz Mauthner. Entonces, a partir de *Whoroscope* veremos cómo el humor se desarrolla con parámetros similares a los que aparecen en otro poema, «Malacoda», y cómo llegando al final de su producción encontramos aquella risa sostenida o el esbozo de una sonrisa por la presencia de lo terrible y de la experiencia directa de un mundo apoyado en lo grotesco, un mundo del cual no se puede salir y ante el cual no queda otra posibilidad más que el silencio o la risa. En esta oportunidad analizaremos solo tres poemas, lo cual nos puede dar cierta perspectiva con respecto a los usos del humor en su obra.

Desde el inicio de su obra, Samuel Beckett, siguiendo ciertos patrones de composición tomados de James Joyce, nutrió su obra de un humor melancólico donde la espera o el grito se intercalan con una inquebrantable quietud y un uso extremadamente lógico de la palabra para llegar a un punto de risibilidad, lo cual es excesivamente evidente en sus primeras narraciones. Es por ello por lo que Beckett, en su obra, recurre a temas que son abordados repetidamente: la muerte, la percepción de la realidad, el límite entre el sujeto y el mundo, la inmovilidad o la discontinuidad de la presencia, motivos que le permitirán esbozar cierta resignación en el momento de pensar la palabra, el discurso y el pasado. La marca que pervive en esta escritura sugiere cierto tono irónico y, en ocasiones, incluso, como recién señalamos, nostálgico y melancólico, y centrándonos en nuestro tema, vemos que el texto poético no hace más que exponer esa imposibilidad de acceder a aquello que está alejado del sujeto y que no puede expresarse a través de la palabra que tiende a articularse. No es un anhelo de trascendencia el que nos procura la obra de Beckett, sino algo más pedestre, un imposible acceso al mundo, un trascender hacia aquello que nos rodea y que percibimos mal y nombramos mal (lo cual también puede caer en la humorada). Ahora volvamos al inicio.

WHOROSCOPE

El primer poema que publicó Samuel Beckett fue *Whoroscope*, una composición de casi cien versos cuyo origen se remonta a un concurso organizado por la casa editora Hours Press en 1930. El tema del certamen, haciendo honor al nombre de la editorial, era, precisamente, el «tiempo». El anuncio que se envió a las distintas publicaciones de París y de Londres decía: «Nancy Cunard, Hours Press, in collaboration with Richard Aldington offers £10 for the best poem up to 100 lines, in English or American on TIME (for or against). Entries up to June 15, 1930» (Chisholm, 1981: 206).[1]

Beckett nos presenta al protagonista del poema que remite a un personaje cuya voz no será sino la de René Descartes.[2] Para ello, Beckett construirá una máscara a través de la cual manifestará sus pensamientos como expresión mental del filósofo y como enunciación de su «habla», modo a partir del cual presentará un juego de intermitencias, por un lado, entre el mundo material y el racional y, por otro, entre el mundo exterior y el interior, incluso se anticipa a la intermitencia idiomática: un filósofo francés pensando en inglés. Para esta composición, recurrirá, sobre todo, a la biografía de Adrien Baillet –*La Vie de Monsieur Descartes*

---

1. «Nancy Cunard, de Hours Press, en colaboración con Richard Aldington ofrece un premio de 10 libras para el mejor poema de menos de 100 líneas, en inglés británico o americano, sobre el TIEMPO (a favor o en contra). El plazo acaba el 15 de junio, incluido, de 1930».

2. Sería interesante aclarar los límites de las marcas intertextuales que trabajaremos. Por cierto, no pretendemos hacer un compendio –ya que esa búsqueda ha sido magistralmente realizada por Lawrence Harvey–, aunque a veces parezca necesario, sino ver cómo funcionan esas relaciones en el propio texto.

publicada en 1691– y a las conversaciones que mantuvo con sus amigos: el filósofo Jean Beaufret –quien le facilitó algunos datos y libros sobre Descartes– y Thomas MacGreevy –quien, además de impulsarlo para que se presentase al concurso, le prestó un cuaderno con notas sobre el filósofo– (Bair, 1979: 101). Es interesante pensar entonces que, ante todo, es este el verdadero hipotexto del poema, no el pensamiento ni la obra de René Descartes, sino la narración de su vida mediatizada por una biografía, a partir de la cual Beckett moldeará una «máscara». Advirtamos, también, que se trata de una «segunda» mediación puesto que parte de un texto que, necesariamente, toma distancia de la figura del filósofo y ofrece una visión particular de este a partir de la construcción que llevó a cabo Baillet y luego Beckett.

El título encierra una serie de sentidos que, en una primera instancia, surge del agregado de la letra W al vocablo *horoscope*. Una palabra *portmanteau* que reúne en sí misma la idea de *horoscope* (horóscopo) y multiplica su sentido en un juego homofónico que remite, como luego veremos, a los malabares lingüísticos del último Joyce. En un principio, encontramos la connotación *whore* (puta), cuya explicación puede ser abordada desde la primera nota del poema, la cual alude al rechazo que manifestaba el propio Descartes ante la confección de su propio horóscopo o su carta natal. El comentario dice: «He kept his own birthday to himself so that no astrologer could cast his nativity» (Beckett, 2012: 244).[3] A partir de allí, la imprecación *whore* adquiere un sentido negativo con respecto a *horoscope* y permite ver en el contexto dado por la figura de Descartes un acercamiento humorístico frente a un nombre relacionado con la filosofía racionalista y a la reflexión sobre la percepción.

Asimismo, el título también establece la tensión entre dos elementos que serán fundamentales en la obra de Beckett: el sentido del nacimiento y la relación que lo une con la muerte, términos que podríamos definir a partir de la búsqueda y dilucidación de un sentido para la existencia cuyo tránsito, a su vez, se encuentra entre estos dos polos. Por lo tanto, si recordamos que el tema central del poema debía ser el *tiempo*, habría que observar bajo qué niveles del texto se desarrollará la tensión que provoca semejante cruce entre elementos que parecen discontinuos y que sorprenden al lector ante la inversión en el sentido esperado por lo que debería ser una reflexión profunda sobre la temporalidad, el nacimiento y la muerte.

---

3. Todas las referencias a *(W)Horoscope* y a los otros poemas pertenecen a la edición de Seán Lawlor y John Pilling (2012). La razón por la cual Descartes no quería que ningún astrólogo realizase su horóscopo o su carta natal se debía a que le atemorizaba cualquier pronóstico relacionado con el momento de su muerte. La traducción es nuestra: «Mantenía oculta para sí su fecha de nacimiento, para que ningún astrólogo pudiera efectuar su carta natal».

Asimismo, cabe destacar que con el agregado de la W Beckett alude también al pronombre interrogativo *who*, el cual no sugiere sino una duda frente a dos identidades: en primer lugar, frente a la identidad del personaje construido y, en segundo término, ante la identidad de la voz poética.

En el poema aparece una oscilación que comienza con la conformación de una primera persona que enuncia y que se acerca tangencialmente a una tercera persona, lo cual realza la falta de delimitación del propio sujeto. Las notas, en este aspecto, también contribuyen a esta estructura de polifonía disonante, ya que en ellas encontramos otra voz que se interpone en la lectura; sobre todo, cuando quiebra y disuelve la frágil estructura lineal que intenta establecer Descartes en su propio pensamiento.

Sin embargo, lo cierto es que las notas finales no ayudarán a una comprensión global del poema. Allí aparecen datos que, en realidad, han sido escamoteados deliberadamente para oscurecer aún más toda posible comprensión del texto y, asimismo, para dirigir su lectura por un recorrido demarcado por la intención de las referencias elegidas. También podemos hacer una lectura de dichas notas desde una perspectiva irónica con respecto al sentido posible del poema. Las notas dan una información que nos conduce por el camino de la humorada y la resignificación cómica de alguno de los versos. Por ejemplo, en los versos 29 y 30, leemos: «My squinty doaty! / I hid and you sook».[4] La nota correspondiente que hace referencia a estos versos es la siguiente: «As a child he played with a little cross-eyed girl».[5] Esta acotación al margen es utilizada para contextualizar el momento en que aconteció el hecho recordado y ahora devenido en lenguaje del propio «Descartes». También nos remite directamente a la ironía y al humor negro beckettiano, de típica raigambre irlandesa: quien busca, en este juego infantil, es quien tiene problemas en la vista, quien no puede ver bien. Por otro lado, tal como ya afirmara Henri Bergson, un sujeto se ríe de lo humano, de sus defectos y sus fallas. Este punto de partida no remite a la burla, sino a la elección que hace el biógrafo y luego Beckett de esta situación que debería ser «mecánica». El episodio secundario de la vida del filósofo, tomado de la biografía de Baillet, pasa a un plano de connotaciones irónicas cuyo énfasis se incrementa con el tono al que apela Beckett tanto en el verso como en la nota «aclaratoria», lo cual también sugiere que cualquier

---

4. «Mi querida bizca / me escondo y me buscas».
5. «Cuando niño jugaba con una niña que era bizca».

búsqueda que se realice a través de los sentidos siempre será infructuosa o, al menos, fallida. El motivo de la vista como generadora de una experienca errónea, no solo se corresponde con la filosofía cartesiana, sino también con un uso del propio Beckett harto recurrente en toda su obra y que puede comprobarse a lo largo de su escritura. Dice Bergson: «Las actitudes, gestos y movimientos del cuerpo humano causan risa en la exacta medida en que dicho cuerpo nos hace pensar en algo simplemente mecánico» (1973: 34; cf. también Salisbury, 2012: 38). Lo que debería ser algo sencillo se convulsiona al unir la acción de búsqueda con el problema visual, entonces el juego de niños se transforma en un punto de partida para continuar con la complicidad necesaria que debe tener el poema con el lector para que la humorada tenga lugar. La risa tiene un «eco» ya que no se produce, tal como afirma Bergson, en un sistema aislado: Beckett intercala el sistema de la biografía con el de su lectura tangencial del pensamiento cartesiano y su posición frente al nacimiento y la muerte. Sistemas que interactúan y se resignifican en clave de comicidad.

En su obra *Stream of Consciousness in the Modern Novel*, el teórico norteamericano Robert Humphrey, si bien toma un *corpus* narrativo, nos habla de dos niveles de enunciación –el nivel discursivo racional y el prediscursivo, por caso, la instancia anterior a toda articulación lingüística–, parámetros que bien podrían encontrarse en el poema de Beckett (1954: 3). En novelas como *Ulysses* o *As I Lay Dying*, de William Faulkner, la relación entre ambos órdenes se produce, precisamente, cuando estos dos órdenes provocan una tensión que culmina con la yuxtaposición del nivel prediscursivo y el discursivo. Sin embargo, en el texto de Beckett, son las notas las que representan lo discursivo mientras lucha con un texto que pretende ser puro pensamiento y por lo tanto lenguaje. Es por ello por lo que la función del aparato crítico no interfiere en la estructura discursiva del poema, ya que la discontinuidad es una de las principales bases del texto (cf. Humphrey, 1954: 72). Así, en los versos 31 al 40, podemos leer:

> And Francine my precious fruit of a house-and-parlour foetus!
> What an exfoliation!
> Her little grey flayed epidermis and scarlet tonsils!
> My one child
> scourged by a fever to stagnant murky blood – blood!
> Oh Harvey beloved
> How shall the red and white, the many in the few,
> (dear bloodswirling Harvey)

eddy trough that cracked beater?
And the fourth Henry came to the cript of the arrow (Beckett, 2012: 242).[6]

Aquí, el monólogo vincula las imágenes con los recuerdos del personaje por medio de unos conceptos e imágenes que parecen alejados entre sí, tanto por su valor de símbolo, por su referencia histórica y biográfica, como por los cambios vertidos por Beckett en su representación en el poema. Esta distancia es la que también establece la sorpresa en el lector y de ahí que el «chiste» o lo humorístico hace su aparición. El lector tiene que recomponer el recorrido intelectual que el poema propone a través de sus versos y de las referencias de las notas finales para poder establecer aquel eco del cual hablaba Bergson en su tratado.

En estos versos encontramos un orden que se va imponiendo sobre el cronológico de la biografía: el primer recuerdo mencionado es el de Francine, la hija de Descartes, muerta a los seis años, dato que se aclara en la nota del final.[7] El texto de Baillet la menciona como «le fruit précieux», expresión que Beckett utiliza en inglés para referirse a ella. Luego de esta alusión a su hija, el texto se desliza hacia la enfermedad en sí, la «scarlet tonsils», imagen rojiza que nos conduce como un lamento hasta el siguiente elemento de la cadena asociativa: la sangre y esa reiteración al final del verso 35. Este último tópico es utilizado en el poema para conectar en la serie en el proceso del fluir del pensamiento de Descartes la figura de William Harvey (1578-1658), el descubridor de la circulación de la sangre y autor del *Exercitatio anatomica de motu cordis et sanguinis in animalibus* de 1628, comentado por el propio Descartes en la parte V del *Discurso del método* (Descartes, 1980: 175). En el poema, Harvey aparece como un interlocutor ausente, las palabras que se le dirigen forman parte de un verso apartado y entre paréntesis,

6. ¡Y Francine mi precioso fruto de casa y gabinete fetal!
¡Qué exfoliación!
¡Su pequeña y desollada epidermis gris y sus rojas amígdalas!
¡Mi única hija
hostigada por la fiebre hasta estancar su oscura sangre sangrienta!
¡Oh! amado Harvey
¿Cómo harán los rojos y los blancos, muchos en pocos
(querido arremolinador de sangre Harvey)
para juntarse a través de este batidor resquebrajado?
Y el cuarto Enrique vino a la cripta de la flecha.
7. En realidad, falleció a los cinco años, luego de haber sufrido una enfermedad durante los últimos tres de su vida. Dice la nota al final del poema: «His daughter died of scarlet fever at the age of six».

el 38, lo cual indica un cambio en el nivel discursivo respecto del tema que la voz poética estaba desarrollando. Estas palabras, enunciadas por este Descartes «anglosajón», remiten sin duda a un tono irónico y no esperan ninguna respuesta del investigador inglés. Beckett, de este modo, no hace sino ratificar la construcción de un personaje que se organiza dentro de una estructura cerrada e interna, es decir, dentro de un yo íntimo. Como recurso poético, este paréntesis sirve para remarcar la discontinuidad textual y para enfatizar el registro humorístico del verso que se presenta a partir de la reconstrucción propiciada por las notas. La ironía, a la que ya aludimos, se introduce en un Descartes (eco evidente del filósofo) que no estaba de acuerdo con la teoría del movimiento del corazón de Harvey, lo cual también se aclara en las notas finales. De ahí la aparición de la palabra compuesta *bloodswirling* para caracterizar el órgano corazón y utilizarla como un «apodo» burlesco para referirse al científico inglés. Este recurso se vincula claramente con el nivel preconciente que menciona Humphrey en su ensayo puesto que se trata de un principio de asociación libre que crea, tras ese fluir del pensamiento, nuevos sentidos (1954: 48) y en este ejemplo que acabamos de mencionar un sentido claramente humorístico y burlón.

El movimiento de la sangre nos plantea también otro interrogante relacionado con las preguntas que Beckett se hacía respecto de la relación entre ataraxia y movilidad. Movilidad e inmovilidad suelen cruzarse mientras crean una situación paradójica que aparecerá en el poema reelaborado con referencia a la figura de Galileo. La pregunta que realiza el Descartes beckettiano, interrumpida por el paréntesis intercalado que mencionamos, trata de la composición de la sangre y de qué modo los glóbulos blancos y rojos pueden mezclarse en el corazón, en ese «batidor resquebrajado». Esta imagen, a su vez, nos lleva a la resemantización de un tópico de la poesía, el corazón. Nuevamente la alusión se torna humorística. El órgano se presenta como una máquina vacía de todo sentido que la tradición poética le ha incorporado a lo largo de los siglos, ya sea de manera sentimental o como centro de las motivaciones humanas. Beckett, al presentar en este poema el corazón como una máquina, también nos está recordando que el hombre ya no es ese sujeto que se había conformado en la tradición cartesiana y que presentaba cierta unidad de sentido y quizás con alguna intención de progreso, sino que es una identidad quebrada, transformada en un artefacto al que se le ha negado la posibilidad de un sentido pleno. El poema propone desarticular estas variantes desde lo humorístico, donde lo trágico (la muerte de la hija de Descartes) da paso a una figuración más grotesca del sentido, desarticulando también el perfil filosófico que supo tener el debate entre los pensadores del siglo XVII. De aquí pasamos al último verso de esta estrofa, donde Descartes, una vez más, alterando la cronología biográfica, se remonta a su propia infancia y agrega, de forma críptica, que el corazón de Enrique IV fue trasladado al colegio jesuita de *La Flèche* mientras él estudiaba allí. Estos datos que utilizamos para recomponer el camino del pensamiento de este personaje provienen de las aclaraciones al final del poema y corresponden –como ya mencionamos antes– casi literalmente a la biografía de Baillet. El juego idiomático que está armando Beckett remite también a la traducción de «Flèche» por simplemente «arrow», lo cual al estar en minúscula no solo resignifica la alusión, sino que también la torna borrosa hasta que el lector se acerca a las notas finales.

Tal es el modo, entonces, en que puede rastrearse el recurso del monólogo interior a lo largo de todo el poema. Se trata de la reflexión de un personaje que elabora un pensamiento en un momento determinado y que será interrumpido por los acontecimientos del presente de la enunciación y por la llegada de su desayuno. Estas interpolaciones irán modelando un texto poético que se quiere tanto pensado como enunciado a través de las palabras de este personaje. El desayuno con huevos incubados, tal como se menciona también en las notas, es un elemento extraño a la reflexión íntima de este Descartes, pero que sirve, sin embargo, como un disparador para nuevos rumbos en su pensamiento acerca del tiempo. Es interesante ver cómo Beckett juega con los extremos de la materialidad del mundo exterior y del pensamiento íntimo, realizando un movimiento pendular en la percepción del sujeto que se repetirá en poemas posteriores. Un movimiento que va hacia un exterior del sujeto –es decir, su desayuno–, hasta la reflexión íntima que supone este fluir de la conciencia.

La tercera estrofa retoma el tema gastronómico con la misma pregunta del primer verso. La transcribimos:

> What's that?
> A little green fry or a mushroomy one?
> Two lashed ovaries with prosticiutto?
> How long did she womb it, the feathery one?
> Three days and four nights?
> Give it to Gillot (Beckett, 2012: 241).[8]

---

8. ¿Qué es esto?
   ¿Una tortilla vegetariana o una de hongos?
   ¿Dos ovarios revueltos con prosticiutto?
   ¿Cuánto tiempo lo tuvo en el seno, la plumífera?
   ¿Tres días y cuatro noches?
   Dénselo a Gillot.

En el tercer verso se hace una referencia a los huevos revueltos de su desayuno por medio de una analogía con los ovarios, junto a la cual encontramos un *portmanteau, prosticiutto,* donde se unifica la palabra italiana *prosciutto* (jamón) y *prostitute.* La unión de estos elementos por un lado denota el fracaso del desarrollo vital del embrión, pero, por otro, nuevamente altera el sentido a partir de esta combinación de vocablos por afinidad fónica, lo cual también agrega una cuota de humorada. Tanto los huevos del desayuno como la posible relación sexual con una prostituta representan la falta de posibilidad o la no intención de engendrar vida, con lo cual volvemos a la problemática de la intención escéptica que quiere remarcar Beckett en su poema: el sentido del nacimiento. El siguiente verso se encamina otra vez hacia el tema central, el tiempo a través del estado de su desayuno: como solo han pasado tres días —cosa que no es suficiente para el gusto culinario de Descartes— ordena que se entreguen los huevos de su desayuno nuevamente a su ayudante, Gillot. La repetición es también un recurso asociado con el humor, tal como lo ha afirmado, entre otros, Simon Critchley: «What I mean is that when we give ourselves up to being told a joke, we undergo a peculiar and quite deliberate distention of time, where the practice of joking often involves cumulative repetition and wonderfully needless circumlocution» (2002: 7).[9]

A todas luces, el objetivo supone continuar con la espera y la repetición de ciertos sucesos (la llegada del desayuno), con el fluir del pensamiento y, obviamente, con la constitución del texto del poema. Es por ello por lo que la espera no solo es una confirmación del paso del tiempo, sino también la conformación del propio discurso poético y su repetición. Por caso, ¿no es entonces la espera una parte esencial del ser?

Es por ello por lo que quizá podamos decir que este poema inaugura una relación tangencial[10] entre la escritura y el humor en la obra beckettiana. La serie de referencias —eruditas en este caso— como motor del sentido humorístico del poema y la serie de juegos de palabras que interpelan cómicamente y de distinta manera al lector y al mundo llevan a establecer una relación entre lo trágico y lo cómico: un humor que lleva necesariamente a la reflexión. No es solo la risa, sino también la risa que interpela.

---

9. «Lo que quiero decir es que cuando nos entregamos a que nos cuenten un chiste, experimentamos una distensión del tiempo peculiar y bastante deliberada, donde la práctica de bromear a menudo implica una repetición acumulativa y un circunloquio maravillosamente innecesario».

10. Con *tangencial* me refiero a que la obra de Beckett no va directamente a establecer una relación con la risa abierta, sino con la risa tímida de la desgracia de haber nacido. Quizá en un plano más extremo, esa risa tímida puede transformarse en una carcajada frente a lo grotesco.

PAPÁ HA MUERTO, FLORES Y HUESOS

Si seguimos las referencias biográficas del propio Beckett, debemos volver ahora a una que marca un punto de inflexión en su obra: en el mes de junio de 1933 muere su padre, acontecimiento que lo marcará profundamente. En una carta del 2 de julio de ese mismo año, carta dirigida a su amigo Thomas MacGreevy, comenta: «I can't write about him, I can only walk the fields and climb the ditches after him».[11] Algo similar ocurre en una entrevista de 1989 en la que recuerda ese momento como un verdadero problema desde el punto de vista psicológico. Esta serie de referencias se justifica ya que el otro poema que quisiéramos tomar, «Malacoda», está dedicado a su padre después de su fallecimiento (Knowlson, 1996: 166-167). Este poema forma parte del segundo libro de Beckett, *Echo's Bones and Other Precipitates*, publicado en el año 1935 en París por Europa Press.

El título del poema deriva del canto XXI del *Infierno* de la *Divina comedia*. Allí, Virgilio desciende junto a Dante hasta el quinto foso del octavo círculo, donde habitan los *malebranche* (garras malévolas), frente a los cuales se sienten amenazados. Esta agresión dura hasta que el poeta latino tranquiliza al demonio principal, Malacoda, y pide a diez diablos que los acompañen y guíen por la región infernal. Beckett traspone los diablos dantescos para así reconstruir la representación del funeral de su padre en un nuevo contexto y en una nueva serie de sentidos ligados a la humorada en relación con lo trágico. De este modo, en el poema de Beckett el demonio Malacoda se transforma en el sepulturero que preparará y enterrará el cadáver. Dicha trasposición implica el traslado de un mundo a otro (y quizá de un sentido a otro); Malacoda habita el infierno y viene a la superficie terrenal a buscar a los muertos, lo cual no hace sino retomar el espíritu de *Echo's Bones*: ¿el mundo no formará parte de aquel infierno descrito por Dante? Asimismo, Malacoda es trasladado de un texto a otro, donde necesariamente sufre una resignificación, ya que asume el papel de otro personaje mitológico, Caronte, quien traslada a los muertos hasta el Hades. Esta superposición apela a un sincretismo entre el mundo pagano y el mundo cristiano en el que aparecen los demonios. De algún modo, nos enfrentamos a una especie de palimpsesto donde se funden tres capas de sentido (y de tiempos): paganismo, cristianismo y un presente relacionado con un aspecto biográfico del poeta.[12]

---

11. «No puedo escribir sobre él, solo puedo caminar por los campos y subir por las zanjas tras él».
12. En las notas a la traducción de este poema, Laura Cerrato establece una relación entre «malebranca» plural y «malbranche», con lo cual se suma un nuevo sentido, puesto que una de las

El poema comienza con el anuncio de las tres llegadas de este demonio, a quien se describe como un ser impasible ante el dolor ajeno:

> thrice he came
> the undertaker's man
> impassible behind his scutal bowler
> to measure
> is he not paid to measure
> this incorruptible in the vestibule
> this malebranca knee-deep in the lilies (Beckett, 2012: 21).[13]

La primera llegada está destinada a medir el cuerpo. En esta primera estrofa, la muerte se presenta a través de dos elementos: por un lado, mediante los lirios, ya que esta flor es utilizada comúnmente en los entierros y en las procesiones fúnebres, y, por otro, por medio de los «crespones», que representan el luto. De este modo, todo funciona como una preparación no solo para el entierro, sino también para el viaje en la barca de la muerte, una de las últimas alusiones del poema. La siguiente estrofa, la más breve, se refiere a la segunda venida del «malebranche» dedicada a «encajonar» el cuerpo. El uso del término *ungulata* para definir al ayudante con garfios (recordemos el sentido de *malebranche*, 'garras') es otra muestra de la riqueza y la erudición del vocabulario utilizado por Beckett en este periodo:

> to coffin
> with assistant ungulata
> find the weeds engage their attention
> hear she must see she need not (Beckett, 2012: 21).[14]

---

principales lecturas de Beckett fue la obra del filósofo poscartesiano Malebranche. Cf. *Beckettiana* 4, Buenos Aires, Facultad de Filosofía y Letras, UBA, 1995, p. 42.

13. tres veces vino
    el hombre de las pompas fúnebres
    impasible bajo el bombín de piel
    para medir
    ¿no está acaso pagado para medir?
    a este incorruptible en el vestíbulo
    a este malebranca entre los lirios hasta las rodillas.

14. arreglar el ataúd
    con unos ayudantes ungulata
    encuentra las malas hierbas y reclama su atención
    escuchar debe ver no es necesario.

La tercera estrofa trata la última llegada de este diablo, dedicada esta vez a «cubrir» [to cover] el cuerpo. En esta sección, Malacoda se dirige a su ayudante llamándolo por su nombre: Scarmilion, otro de los diablos del Canto XXI en el *Infierno* dantesco. En el quinto verso, «stay Scarmilion stay stay»,[15] cita y recontextualiza el verso 105 de ese Canto, el momento en que Malacoda dice: «Posa posa, Scarmiglione». En la *Divina comedia* se le solicita al demonio que se detenga y no ataque ni a Virgilio ni a Dante. En el poema de Beckett, el sentido se modifica y el motivo de la detención reside en que Malacoda debe colocar sobre el cajón un cuadro de Huysum: «lay this Huysum on the box / mind the imago it is he» (Beckett, 2012: 21).[16] Harvey destaca la relación entre el cuadro y la *imago* que Beckett le ha comentado, según el cual está referido a «una mariposa posada sobre una flor en una pintura de Huysum» (Harvey, 1970: 111). De acuerdo con Lawrence Harvey, el insecto ha llegado a la inmortalidad por medio del arte, lo cual, en el poema de Beckett, se traspone a la figura de su padre inmortalizado. También Harvey destaca que, desde un punto de vista psicológico, la *imago* representa la imagen idealizada que hace el niño de su padre, con lo cual el texto no deviene sino en homenaje. Lo interesante de esta referencia pictórica reside en la ambigüedad de una identidad, ya que hay dos pintores de nombre Huysum, padre e hijo: Justus van Huysum (1659-1716) y Jan van Huysum (1682-1749). Ambos se dedicaron a pintar el mismo tipo de cuadros, *bouquets* de flores con elementos que simbolizan el paso del tiempo y la muerte, un reloj, una calavera, aunque el más joven también realizó algunos paisajes. El padre fue maestro de su hijo y, si tenemos en cuenta los hechos biográficos que antes relatamos, la elección de esta referencia al pintor holandés y su obra en absoluto es azarosa puesto que, incluso, aparece sobre el cajón. También es posible hacer una lectura metatextual retomando la palabra *imago*, ya que esa imagen se superpone con «él», con el cuerpo. Se establece así una analogía entre los grados de representación (lo real y lo representado): la fusión de la vida y la ficción se produce nuevamente, pero con la perspectiva del primer hipotexto al que alude este poemario: la leyenda de Eco y Narciso. Por medio de esta imagen, se refiere indirectamente al segundo: mientras Eco queda reducida a huesos –lo que sucederá con el cuerpo que acaba de ser enterrado–, la naturaleza de Narciso deviene en la flor del mismo nombre, con lo que sobrevive transformado. En el contexto del funeral, la unión de ambos elementos sugiere la imposibilidad de escapar al destino que fue impuesto, tanto en la vida como en su posibilidad de representarla. Esta

15. «espera Scarmilion espera espera».
16. «coloca este Huysum en la caja / y observa bien la imago eso es él».

estrofa concluye con el barco de la muerte partiendo con las almas de los recién fallecidos y cierra así un recorrido que comenzó con la llegada de los demonios: «all aboard all souls / half-mast aye aye» (Beckett, 2012: 21).[17] En este sentido, el poema también está señalando un recorrido, como ya había sucedido en textos anteriores. Se trata de un camino que se produce desde lo textual y que conlleva un alto grado de simbolización de la última partida. En algún punto nos hace recordar a «Da Tagte Es», un poema de despedida y donde la muerte se reconoce como inevitable. Quizás, hasta podríamos entrever el género elegíaco, el *planh*, si bien, por supuesto, como en el caso de las formas provenzales, trastrocado con imágenes grotescas y complejas de alusión erudita. Una situación donde la resignificación tiende una vez más hacia el plano de la humorada. Las imágenes de los demonios, grotescas como gárgolas, recrean el escenario de la ceremonia fúnebre que se está describiendo.

En cuanto a la forma del poema, nos encontramos con una composición que nuevamente juega con la repetición: se alude tres veces a una estructura en paralelo. En la primera estrofa, el último verso dice: «hear she may see she need not» (Beckett, 2012: 21), en donde se alude a su madre y a la necesidad de contenerla ante el sufrimiento por la muerte de su esposo. Esta proposición se modifica levemente en el último verso de la segunda estrofa: «hear she must see she need not» (2012: 21), donde se alude a un reconocimiento de lo inevitable. Una vez que queda cubierto el cajón y colocada la pintura de Huysum, se le impreca a la madre que termine de asumir el luto de una vez por todas: «hear she must see she must» (2012: 21),[18] una suerte de despedida al muerto y que tendrá como última «imago» la obra del pintor holandés que, como dijimos antes, se superpone con la del muerto.[19] Nuevamente, Beckett juega con los dos sentidos, el de oír y el de ver, que se reiteran como un *leit-motiv*: el mito de Eco y Narciso resuena a partir de estos dos modos de percibir. Escuchar es lo que se debe permitir a la madre, ver aún no y solo deberá observar cuando el cuerpo y el ataúd estén cubiertos y la pintura holandesa esté apoyada sobre el cajón. El texto no ofrece una clara explicación sobre qué debe escucharse ni qué debe verse. Si pensamos en la leyenda de Narciso, es posible suponer un

---

17. «todos a bordo todos los espíritus / a media asta sí sí».

18. «escuchar puede ver no es necesario»; «escuchar debe ver no es necesario»; «escuchar debe ver es necesario».

19. Chris Ackerley comenta en su trabajo crítico «Malacoda de Beckett o el diablo de Dante toca Beethoven», la existencia de una correspondencia entre este texto de Beckett y el cuarteto en fa mayor, op. 315, de Ludwig van Beethoven, «cuyo motivo dominante es *Muss es sein?* (¿debe ser?)». Cf. *Beckettiana* 4, 1995, pp. 33-39.

cuerpo muerto que debe poder ver en su despedida y que funcionaría como un reflejo mientras parte junto con las almas en el bote con las velas a media asta. Este mirarse como uno en «otro» implicaría el común destino de todos, pero también el deber de escucharse en el silencio de quien calla, oír el silencio de la voz que ya no puede decir.

El último verso consta de una sola palabra, *nay* [no], la cual, según Harvey, estaría negando todo lo enunciado hasta ahora (1970: 12). Sin embargo, no creemos que ocurra de tal modo, sino que preferimos compartir con Ackerley lo que indica respecto del último verso del Canto XXI: «ed elli del cul fatto trombetta». La relación con lo anterior se recompone en una visión absurda y grotesca –retomando los versos 9, 10 y 11 de la primera estrofa– cuando, y aquí cito al propio Ackerley, «el asistente de las pompas fúnebres con delicadeza deja escapar un flato» (1995: 33).

> Malacoda for all the expert awe
> that felts his perineum mutes his signal
> sighing up through the heavy air (Beckett, 2012: 21).[20]

Es en esta referencia donde lo trágico se transforma en grotesco y el humor tiene lugar como un elemento que nuevamente sorprende al lector, ya sea como parte de la constitución erudita del poema, ya sea por la referencia al «aire pesado» al que alude este verso. Como vemos, Beckett le impone al poema una estructura compleja, tanto por las correspondencias con sus lecturas como por el uso que hace de ellas; sobre todo, allí cuando deja vacíos los espacios de un posible sentido que luego debe completarse. Así pues, la pregunta sería si no es también este un modo de exponer la subjetividad a partir de una mirada heterodoxa de la fuente y la experiencia. Traspasando lo que ha expuesto Jan Kott (1969: 58) con relación a la tragedia, podríamos decir que Beckett se permite hacer, de un acontecimiento intransferible e irreductible, trágico y terminal, un texto donde predomina el tono grotesco, donde la humorada tiñe la situación que está desplegando en el poema y donde la muerte se transforma –en ese marco intertextual– en un hecho estético más atravesado por una pizca de humor.

---

20. Malacoda no obstante el experto terror
    que felpa su perineo extingue su señal
    suspirando hacia arriba por el aire pesado

HACIA EL FINAL: QUIZÁ UNA EXPLICACIÓN

Nos gustaría terminar comentando un poema donde el tema de la risa es expuesto sin ningún velo. Es un poema del libro *mirlitonnades*, que Beckett publica en francés en 1978. Lo leemos:

> en face
> le pire
> jusqu'à ce
> qu'il fasse rire (Beckett, 2012: 210).[21]

En uno de los cuadernos de notas de Beckett, el denominado *Small Notebook*, encontramos una referencia evidente a la tragedia *King Lear*, de William Shakespeare, donde podemos leer en un parlamento de Edgar, «The worst returns to laughter» (acto 4, escena 1).[22] En este sentido, Beckett anula, en la brevedad y la descontextualización, la referencia directa a la fuente, apropiándose, para la reformulación, de las palabras del otro. El cambio de idioma acentúa esta apropiación de la fuente shakespeareana de modo tal, que el poeta queda solo, con sus palabras frente a sí. El lector repite las palabras de Shakespeare; sin embargo, la recomposición de su propia enunciación ya representa otra voz y otra manera de decir. Nos enfrentamos a la risa como un consuelo ante el aburrimiento, pero también como resignación frente al hábito; incluso, la risa ante la única posibilidad frente al estado del mundo. Con todo, en el momento de decir, es solo presencia de lenguaje, y esta perspectiva es la que tiene más peso en la escritura de Beckett. Por otra parte, encontramos en este breve poema el eco de una posición próxima acerca de la palabra y del lenguaje que responde a una de las lecturas centrales del joven Beckett: la obra de Fritz Mauthner, quien afirma que, frente a la imposibilidad de comunicación, frente al fracaso mismo de la palabra, el último consuelo es el silencio o la risa (cf. Mauthner, 1976, cap. VI: 93 y ss., y Ben-Zvi, 1980: 187 y ss.).

Es evidente, entonces, que Beckett, a través del humor, invierte los modos de concebir lo risible y evidencia así la necesidad de observar un mundo escondido a través de la risa que nace en los labios de un personaje que se lamenta y se arrastra mientras observa el mundo degradado. O retomando lo que Laura Salisbury

---

21. frente
    a lo peor
    hasta que
    haga reír.
22. *Small Notebook*, ms. 2901, Beckett Archive, Universidad de Reading, p. 28. «El [cambio] del peor provoca risa».

señala con respecto a *Endgame*: «... maybe for the audience some humour can be found this "unhappiness". Perhaps, when faced with a vision of life purposively going on when all going on is purposeless, you've got to laugh» (2012: 4).[23] Cuando lo que sucede escapa entonces a la articulación de la palabra, la muerte o la penuria, queda un poco de humor para articular el discurso de la desesperación.

REFERENCIAS BIBLIOGRÁFICAS

ACKERLEY, Chris J. (1995): «Malacoda de Beckett o el diablo de Dante toca Beethoven», *Beckettiana* 4, pp. 33-39.

ALIGHIERI, Dante (1972): *La divina comedia*, ed. y trad. Ángel Battistessa, Buenos Aires, Lohle.

BAIR, Deirdre (1979): *Samuel Beckett*, trad. Léo Dilé, París, Fayard.

BECKETT, Samuel (2012): *The Collected Poems of Samuel Beckett*, eds. Seán Lawlor y John Pilling, Londres, Faber & Faber.

BEN-ZVI, Linda (1980): «Samuel Beckett, Fritz Mauthner, and the Limits of Language», *PMLA* 95(2), pp. 183-200.

BERGSON, Henri (1973): *La risa. Ensayo sobre la significación de lo cómico*, Madrid Espasa Calpe.

CHISHOLM, Anne (1981): *Nancy Cunard*, Londres, Penguin.

CRITCHLEY, Simon (2002): *On Humour*, Londres, Routledge.

DESCARTES, René (1980): *Obras escogidas*, Buenos Aires, Charcas.

HARVEY, Lawrence (1970): *Samuel Beckett: Poet and Critic*, Princeton, Princeton University Press.

HUMPHREY, Robert (1954): *Stream of Consciousness in the Modern Novel*, Berkeley, University of California Press.

KNOWLSON, James (1996): *Damned to Fame. The Life of Samuel Beckett*, Nueva York, Simon & Schuster.

KOTT, Jan (1969): *Apuntes sobre Shakespeare*, Barcelona, Seix Barral.

MAUTHNER, Fritz (1976): *Contribuciones a una crítica del lenguaje*, México, Juan Pablos.

SALISBURY, Laura (2012): *Samuel Beckett. Laughing Matters, Comic Timing*, Edimburgo, Edinburgh University Press.

---

23. «... quizás para el público algo de humor se pueda encontrar en esta "infelicidad". Tal vez, cuando te enfrentas a una visión de la vida que transcurre intencionalmente, cuando todo lo que sucede no tiene un propósito, tienes que reírte».

BECKETT Y EL HUMOR
PARA UNA CRÍTICA GENÉTICA A PARTIR DE LOS *GERMAN DIARIES*

Vanesa Cotroneo
Friedrich-Alexander-Universität, Erlangen-Nürnberg

Este trabajo se propone indagar en los aspectos humorísticos de la obra teatral, literaria y ensayística de Samuel Beckett, a través de una crítica genética que parte de las notas de juventud elaboradas por el autor irlandés durante su viaje de formación estética por la Alemania nazi, desde octubre de 1936 hasta abril de 1937. Dichas anotaciones diarias han sido catalogadas en el Archivo Beckett de la Universidad de Reading, Inglaterra, como los *German Diaries*. Se trata de una serie de seis cuadernos, mayormente bilingües, en inglés y alemán, con algunos elementos en otros idiomas como el francés, que presentan, a través de una escritura fragmentaria y performática, la experiencia intercultural del Samuel Beckett en un país al que lo unió un lazo familiar con Boss y Peggy Sinclair, y laboral, tanto con la editorial Suhrkamp, como con el Schiller-Theater de Berlín y la Süddeutsche Rundfunk de Stuttgart. El objetivo de este trabajo se centra en identificar qué elementos de aquel viaje de formación de Beckett durante los años treinta del pasado siglo por una Alemania nazi, representados a menudo satíricamente en el capítulo de Hamburgo (2003*a*) y en los manuscritos de los *German Diaries*, fueron recuperados y *estetizados* humorísticamente en su obra ensayística, literaria y teatral posterior.

A MODO DE INTRODUCCIÓN

Podemos comenzar señalando que mucho se ha escrito ya acerca de la literatura del agotamiento o las cuestiones posmodernas en la obra beckettiana; sin embargo, a menudo se olvida el aspecto humano, cómico, irónico o, incluso, sarcástico en un trabajo que ha recorrido no solo la mayor parte de las décadas del siglo XX, sino también los diversos géneros literarios y medios audiovisuales.[1] En mi investigación se propone una crítica genética reconstruyendo los recorridos de elementos humorísticos beckettianos de los años treinta y su inclusión en sus piezas literarias y teatrales posteriores. En cuanto a la estructura de esta exposición, en primer lugar, me refiero tanto a las iniciales lecturas alemanas de Beckett durante su etapa de estudiante en el Trinity College de Dublín, como a su relación con la filosofía del lenguaje y sus sucesivos encuentros de juventud con la literatura y el arte alemán. En segundo lugar, me concentro en el análisis literario de fragmentos de sus *Diarios alemanes*, a los cuales pude acceder tanto por la lectura del capítulo de Hamburgo, *Alles kommt auf so viel an. Das Hamburg Kapitel aus den «German Diaries». 2. Oktober- 4. Dezember 1936*, ya publicado en 2003, como por estancias de investigación en el Archivo Beckett de la Universidad de Reading, Inglaterra, y el Archivo de Literatura Moderna de la ciudad de Marbach, Alemania, además de comunicaciones con especialistas. Asimismo, a lo largo de todo el trabajo, acecharé una hipótesis central, por la cual puede reconocerse que la escritura beckettiana satírica en torno a la Alemania nazi, presentada en sus diarios durante su viaje de formación por dicho país y contexto durante los años 1936 y 1937, se encuentra *estetizada* en piezas teatrales y literarias posteriores. Finalmente, confirmaré dicha hipótesis mediante el uso de la teoría crítica alemana.

SAMUEL BECKETT Y SUS LECTURAS ALEMANAS

Un primer aspecto que se debe destacar en relación con el lugar de la literatura alemana en los inicios de la carrera del autor irlandés es la presencia de su familia en la ciudad de Kassel. Su tío, Boss Sinclair, coleccionista de arte, junto a Peggy, hija de este y por quien el autor tenía un profundo sentimiento de amor, determinaron el creciente interés de un joven Beckett dispuesto a adentrarse en dicha cultura, realizar viajes y lecturas. Lamentablemente, Peggy fallece tempranamente, lo cual signaría un estado melancólico en el joven autor, quien, en junio del mismo año

---

1. En lo que respecta a estas reflexiones, este artículo fue presentado en una primera versión, en formato ponencia, el día 22 de febrero de 2022 en las jornadas de doctorado «Samuel Beckett y el Humor», organizadas por José Francisco Fernández Sánchez, de la Universidad de Almería; Luz María Sánchez Cardona, de la Universidad Autónoma Metropolitana, México, y Lucas Margarit, de la Universidad de Buenos Aires, Argentina.

1933, en relación con otro aspecto biográfico, perdería a su padre. Según indica Knowlson en su biografía oficial, Beckett tenía una estrecha relación con su padre, y lo continuará evocando en los poemas «Los huesos de Eco» o «Da Tagte es» (cuyo título ya se encuentra en alemán); en tanto que Peggy retornará luego, vistiendo el color verde, durante las lecturas de *Effie* en *Krapp's Last Tape* (Knowlson, 1996: 443), entre otras. Como comenta Mark Nixon, Alemania le ofrece a Beckett un espacio de intensidad emocional tanto buena como mala (2011: 16).

En el plano profesional, habiendo completado su formación en el Trinity College de Dublín, Beckett realizó trabajos de docencia para, finalmente –y a pesar de su potencial excelencia en la carrera académica–, decidir que no quería ser profesor, motivo que lo llevó a adentrarse en la lectura y la escritura propia, elaborando sus primeros poemas, fragmentos teatrales y cartas dirigidas sobre todo a Thomas MacGreevy, su amigo y confidente del periodo. Justamente, a él le confiesa «I am reading German and learning a little that way» (citado por Nixon, 2011: 13),[2] con lo cual puede observarse una etapa de preparación autodidacta de la lengua y la literatura alemanas previamente a su viaje de formación, pues Beckett desarrolla su conocimiento del alemán a través de sus lecturas personales.

Entre sus manuscritos del periodo pueden observarse notas escritas en color rojo acerca del volumen *A History of German Literature*, de J. G. Robertson, bibliografía correspondiente a los estudios de grado en el Trinity y a la cual Beckett accedió mediante dicha conexión; comentarios acerca del *Fausto* de Goethe, copias mecanografiadas de su *Prometeo*; anotaciones en los márgenes de un volumen de las *Obras completas* de Hölderlin, entre otros textos. A su vez, el autor realiza traducciones de sus poemas al alemán, como en el caso de *Cascando* (1936), y elabora un cuaderno de vocabulario, lo cual refleja su interés por comprender la lengua alemana. Estos primeros abordajes de este idioma, tareas de traducción lingüística e interpretación, nos permiten reconocer a un *joven Sam* indagando en el lenguaje y sus significados. Por último, para finalizar con las menciones a las lecturas beckettianas alemanas, cabe reconocer en ellas la presencia de filósofos tales como Arthur Schopenhauer, Ludwig Wittgenstein o Fritz Mauthner. Del primero, el irlandés toma la visión metafísica del ser, como la denomina Ulricht Pothast (2008), reconocible en ensayos como *Proust*, cuyo tema radica en la búsqueda de una esencia inaccesible detrás de un posible «velo de Maya» en términos de Schopenhauer, pero «velo» o «membrana de la esperanza» en los de Beckett (Van Hulle, 2009),

---

2. «Estoy leyendo en alemán y aprendiendo un poco de esa forma».

«al ser el mundo una proyección de la conciencia individual (una objetivación de la voluntad individual, diría Schopenhauer)» (Beckett, 1992*a*: 19). La obra de Beckett también se relaciona con la filosofía de Ludwig Wittgenstein, contemporáneo suyo y nacionalizado inglés luego del exilio, a través de la filosofía del lenguaje y la idea de una literatura del agotamiento; recordemos que Beckett y Wittgenstein fueron, además, herederos de un escepticismo cartesiano. Pero particularmente valiosa es la lectura de las *Contribuciones a una crítica del lenguaje*, de Fritz Mauthner, en la cual Beckett se había adentrado como asistente de James Joyce durante el proceso de escritura de *Finnegans Wake*. En el análisis de Mauthner, el lenguaje es incapaz de ser imagen de la realidad y solo es posible acudir a él a través de la poesía o el silencio, aspecto nada lejano de la filosofía beckettiana presente en *El innombrable*, la imposibilidad de decir, junto a la necesidad de decir: «no puedo seguir [...], hay que seguir, voy a seguir».

Pero sería en su viaje de formación por la Alemania nazi en cual el autor desarrollaría un conocimiento más acabado de la literatura y las artes de dicho país. James Knowlson lo denomina «artistic pilgrimage» (peregrinaje artístico) (Knowlson, 1996: 242), y Mark Nixon habla de «*Bildungsreise*» (viaje de formación) (Nixon, 2011: 132). En rigor, consistió en recorridos por ciudades y visitas a galerías de arte. Fue, por lo tanto, un viaje de formación estética: *ästhetische Bildungsreise*.

Luego de finalizar su texto *Murphy* en marzo de 1936, Beckett estudia algo de alemán del modo en que hemos indicado, y a finales de septiembre del mismo año parte hacia Alemania, llegando a Hamburgo, primera parada de su viaje, el día 2 del mes de octubre. Como señala la crítica, este ha sido un viaje *from* más que un viaje *to*, con lo cual, se reconoce la idea de huida, de *escapar de*. En su primera parada, Hamburgo, conoce al librero Günter Albrecht, a quien le dedicaría algunas de sus cartas, y, además, comienza a adentrarse en la obra de pintores, visitando galerías y comprando postales con motivos pictóricos que luego enviaría a Albrecht junto con la correspondencia. Como vemos, el interés de Beckett no radica exclusivamente en la literatura, sino también en las artes visuales, con lo cual puede identificarse aquello que denominamos «sus lecturas alemanas» no solo con la tradición literaria alemana, sino con su propia recepción de las obras de arte en términos pictóricos, escultóricos e, incluso, arquitectónicos, y los esfuerzos por traducir al lenguaje escrito aspectos de lo visual, a través de lo que llamo traducción transmedial (Cotroneo, 2021). En cuanto a sus preferencias pictórico-escultóricas, cabe destacar que Beckett se inclinaba por imágenes cuyos contenidos presentaban un elemento de reticencia, como las de los pintores flamencos del siglo XVII, de

Caspar David Friedrich o de Durero. No es casual que el elemento visual juegue un rol tan importante en un momento en que el autor comenzaría a indagar en la idea de una literatura de la «despalabra». En este sentido, las artes visuales empiezan a funcionar como soporte ante la dificultad beckettiana por encontrar una *verdad* en el lenguaje.

Al concepto de la «despalabra» se refiere Beckett en la famosa *German Letter* de julio de 1937, dirigida a otro librero alemán, Axel Kaun, a quien el autor conoció en Berlín, ciudad a la que llegó el 11 de diciembre de 1936 y en la que estuvo algo más de un mes (hasta el 22 de enero de 1937). Allí, según su biógrafo James Knowlson, comienza a manejarse como un residente local, evidenciando su gusto por el paseo como actividad. Sin embargo, los sentimientos de Beckett por la ciudad y el país son, si no de rechazo, al menos, de incomodidad. Se encontraba en Alemania, sin dinero, en contra de la voluntad de su madre, quien quería que su segundo hijo, Samuel, hiciera con su vida alguna cosa más productiva que dedicarse a la literatura.

Beckett ya había recorrido Hannover y, luego de Berlín, llegaría el turno de Halle, Dresde, Bamberg, Wurzburgo, Núremberg y Múnich, entre otras. Entre Bamberg y Núremberg, tiene un confuso episodio con un sastre, quien le promete un pantalón en un plazo razonable, pero se lo entrega muchos días después de lo acordado, cuando el autor se encontraba en otra ciudad del itinerario: situación que se puede reconocer tanto en su posterior ensayo *Le monde et le pantalón* (1945), como en su obra teatral *Fin de partida* (1957). Un episodio no muy confortable para un viajero en tránsito, quien luego de comprar sus libros, los enviaba por correo a Irlanda para evitar cargar con el peso de estos durante los trayectos. En relación con el peso de los objetos y su aprendizaje cultural y estético, señala la crítica que el conocimiento de Beckett de la literatura alemana no era demasiado completo antes de este viaje, pero la adquisición de unos veinte libros durante este y las notas sobre los envíos que figuran en sus archivos dan cuenta de una velocidad en la lectura casi paralela a la movilidad propia de estos viajes. Nos encontramos frente a la idea de lo performático en consonancia con las notas veloces, típicas de los viajeros.

En relación con este ritmo, pero sobre su propia escritura, el autor redactó una serie de anotaciones catalogadas en el Archivo Beckett de la Universidad de Reading, Inglaterra, como los *German Diaries*, unos seis cuadernos escritos en inglés y alemán que reflejan lo que Nixon denomina la escritura performática y fragmentaria de sus textos (2011: 36), que puede ser encontrada en su obra posterior.

Característica propia del género de los diarios es el hecho de cumplir la función de confidente, a menudo alternada con sus cartas a los amigos, pero también la función de ser soporte material para la experimentación literaria. En dichos diarios, Beckett hace referencia a sus lecturas del periodo, a las galerías de arte que visita, a sus emociones y a la política.

Continuando con la idea del aspecto performático y fragmentario de los *German Diaries* de Samuel Beckett, repetimos que este es reconocible en su obra artística y –agrego– ensayística posterior. Al mismo tiempo, las cartas de Beckett del periodo de los años treinta dirigidas, con frecuencia, a su ya mencionado amigo y confidente Thomas MacGreevy presentan contenidos irónicos y humorísticos de una Europa en guerra a través de una crítica mordaz. Mi hipótesis intentará mostrar que los *German Diaries* y las cartas de la misma época nos ofrecen anotaciones, reflexiones y comentarios críticos de un joven Beckett en su viaje de formación por la Alemania nazi (octubre de 1936 - abril de 1937) con textos que se adentran en la experiencia personal del autor, incluyendo motivos que serán posteriormente identificables en su obra. El viaje del joven autor por las ciudades alemanas, el encuentro con un sastre que le devolvió el traje con meses de retraso, la presencia de las salchichas, la megalomanía nazi y la censura cultural, así como la propaganda, por mencionar algunos ejemplos, se encuentran representados en una amplia lista de sus obras posteriores, como hemos dicho, en su texto *El mundo y el pantalón*, en situaciones de novelas como *Watt*, o en personajes de *Esperando a Godot* o *Fin de partida*, por mencionar solo algunas y por hacer un breve recorte plausible de analizar en este ensayo.

ACERCA DEL NAZISMO, EL LENGUAJE Y LA ESTÉTICA

Recordemos que el contexto de este viaje es el de una Alemania nazi cercada por la propaganda y la censura, como bien lo refleja el autor en su mención a la ausencia de las obras pictóricas de arte moderno en las exhibiciones públicas. No obstante, el irlandés pudo acceder a algunas de estas pinturas mediante colecciones privadas de su tío Boss o de sus amigos. Sin embargo, Goebbels, filólogo y ministro de propaganda nazi, estaba planeando una exposición titulada *Entartete Kunst* (Arte degenerado), llevada a cabo en julio de 1937, que Beckett no llegó a ver porque había finalizado su viaje antes de la inauguración. En ella se exhibieron obras de pintores como Paul Klee o Vasili Kandinsky, que se ridiculizaban mediante epígrafes que comentaban aspectos de estas de un modo peyorativo. Una de las anotaciones de Beckett en relación con esta figura del poder, Goebbels, es: «Alles hat ein Ende, nur die Wurz hat zwei»,[3] ironizando con la política y desacralizando un régimen que se pensaba intocable. En este punto, debe destacarse el elemento central de nuestra hipótesis, el cual consiste en afirmar que un aspecto particular del tono beckettiano crítico humorístico respecto del régimen nazi lo encontramos configurado a través de la sátira. No es casual que este modo de configuración literaria se encuentre en textos que forman parte del género de los diarios, en los cuales la subjetividad constituye un factor clave para la lucha ideológica. Tal como señala Georg Lucáks, «la sátira es una forma de expresión literaria abiertamente combativa. En ella, no solo se expresa meramente a favor de qué y en contra de qué se lucha, así como la lucha en sí misma, sino que la propia forma de la configuración es inmediatamente desde un principio la forma de la lucha abierta» (Lukács, 2005: 9). Agrega Lukács que la sátira desenmascara, actúa inmediatamente, es decir, suprime las mediaciones reales y logra una imagen del mundo que depende de la eficacia sensorial del contraste configurado (Lukács, 2005: 15). De hecho, puede pensarse que la sátira invierte las categorías lukácsianas de esencia y apariencia, y que las coincidencias inmediatas y al mismo tiempo contradictorias entre dichas categorías habilitan esta percepción contrastiva, que le niega al ridículo toda conciliación posible. En tal sentido, agrego un segundo aspecto crucial de mi hipótesis por la cual la lucha abierta de Beckett contra el régimen nazi se expresa en sus diarios alemanes a través de la sátira y, como tal, sin mediación. Este efecto inmediato de la lucha a través del lenguaje, sin embargo, logrará mutar o transformarse posteriormente: entonces la sátira será *estetizada* mediante mecanismos literario-humorísticos, en novelas como *Watt*, y/o cómicos, en obras teatrales como *Esperando a Godot*, entre otras.

Los *German Diaries* de Samuel Beckett, reflejan su percepción estética y sensorial durante este viaje de formación por la Alemania nazi. Un viaje que se extendió desde el 2 de octubre de 1936, día en que el irlandés llegó a su primera parada en tierra teutona, Hamburgo, hasta el 2 de abril de 1937, en que regresó a su Dublín natal. En cuanto a lo sensorial, a menudo en un estado de malestar, agotamiento, dolores o enfermedad, Beckett se dedicó a intentar comunicar, decir, escribir. En cuanto a lo artístico y estético, tienen importancia sus visitas a museos, sus ya mencionadas observaciones de *Zwei Männer in Betrachtung des*

---

3. «Todo tiene un final, solo la salchicha tiene dos».

Mondes, de Caspar David Friedrich, pintura vista en Dresde, y, además, de *Betende Hände*, de Durero. Interesante es observar que estas obras pictóricas, en años posteriores, cobrarán una dimensión particular al ser transpuestas a la escena teatral o audiovisual. De hecho, la primera de estas dos obras pictóricas mencionadas atraviesa un procedimiento de écfrasis y puesta en escena teatral en *Esperando a Godot* (1953), puede ser incluso recreada literalmente en la acotación inicial de dicho texto dramatúrgico (Castagnino, 2012: 5); la segunda realiza lo que llamo «traducción transmedial» a través de la representación audiovisual en *Nacht und Träume* (1982) para la Süddeutsche Rundfunk de Stuttgart. Estas translaciones de un medio a otro, de un lenguaje a otro, operan como una especie de traducción entre medios y, por ello, opto por dicha terminología. Vemos cómo elementos pictóricos de este viaje de formación estética en la Alemania nazi tienen una presencia innegable en la obra beckettiana posterior. Pero, además de lo pictórico, encontramos elementos musicales que aparecerán luego; por ejemplo, de la obra homónima de Schubert, *Nacht und Träume*, o de música popular, en la taberna de la ciudad de Weimar donde Beckett desayuna y las juventudes de Hitler cantan, a modo de jolgorio, «Ein Hund kam in die Küche» (Nixon y Van Hulle, 2017: 230), canción interpretada por Vladimir en *Esperando a Godot* que nos remite al perro del señor Knott en la novela *Watt* y al can desagradable que tiene Hamm en *Fin de partida*.

En lo que respecta a la escritura de los diarios, no solamente se encuentran allí reflexiones sobre las obras de arte que contempla el autor, sino que estos manuscritos incluyen también cuentas, puntos de interés, listas de ciudades (Margarit, 2014: 25), y una escritura plurilingüe (como se ha indicado, fundamentalmente en inglés y alemán, pero con inclusión de algunos textos en francés). Se trata de una escritura fragmentaria y performática, llevada a cabo en las habitaciones de los hoteles, en el tren, y también en las caminatas. Una escritura que permite anticipar un estilo (Nixon, 2011: 36), y que otorga a los diarios, en cuanto género, la función de ser soporte para el experimento literario y, a su vez, espacio para la expresión de emociones y pensamientos personales del autor. Dado que este viaje se enmarca en un contexto sociopolítico muy particular, las referencias textuales al nazismo, a aspectos y personalidades de la cultura alemana del periodo, además de a cuestiones políticas personales, no se encuentran nada ausentes en los *German Diaries*. Esto puede observarse en el capítulo sobre Hamburgo, ya mencionado y publicado en el año 2003, en el cual los comentarios del autor se relacionan con su experiencia gastronómica y cultural, probando platos y bebidas típicas tales como el *Bretzel* y la cerveza, describiendo sin eufemismos un ambiente que le resultaba desagradable: «Drink a glass of beer & eat a Käsebrot in a foul Nazi hole

Rothenbaumchaussee».[4] Hamburgo fue la primera parada de Beckett en Alemania y, si bien el autor no experimenta un choque cultural directo dado que ya conocía el país por su tío Boss Sinclair, sí experimenta situaciones de extrañamiento, distancia, que, sin embargo, lo atraen. En el capítulo sobre Hamburgo, puede reconocerse una escritura telegráfica, donde los pronombres personales se encuentran elididos «Invited Martion to my room. Gave him a banana»[5] –situación pronominal que aparecerá en obras posteriores, al igual que la presencia de frutas, verduras y salchichas–; la conjunción aditiva *and* es reemplazada por el símbolo *et* (&) o *ampersand* «and per ser and». En este capítulo, las referencias a la *Stadtschänke* (taberna de la ciudad) son indicadas no solo con el nombre alemán mencionado, sino con el par *SS*, lo cual posibilita una correspondencia de una indicidad nefasta, que solo puede entenderse a partir de las operaciones de una escritura beckettiana irónica y sarcástica. A su vez, se presentan aspectos culturales como el entorno teatral, ya que el autor indica haber almorzado o cenado «Lousy Eintopf in Theaterkeller»,[6] así como descripciones que se asemejan a una puesta en escena con personajes: «Disgusting. No room, insipid food, no drink, no smoke, & everybody blaring Mahlzeit!»:[7] *Mahlzeit!* significa 'buen provecho' en alemán y puede ser dicho entre personas desconocidas a modo de saludo. Como estas, otras menciones en torno al nazismo y/o a la cultura alemana ingresan a los diarios a través de operaciones de sentido tales como el humor, la ironía, el sarcasmo o la sátira, una sátira que se convierte en el instrumento para exponer a la humanidad al ridículo (Fernández, 2018: 89). Como he venido indicando, me interesa analizar el modo en que estos elementos se encuentran también representados en un momento posterior de la obra beckettiana.

Para ello, haré uso de la crítica genética, entendiendo la disciplina como «los documentos escritos que, una vez reunidos y clasificados en conjuntos coherentes, constituyen la huella visible de un proceso creativo» (Lois, 2014: 58). Se trata de materiales de génesis, elementos que el texto dejó detrás de sí, pre-textos del proceso de escritura, que permiten reconocer un trayecto hacia el producto final y que, inversamente, desde el final hacia los manuscritos, posibilitan desandar un recorrido. De acuerdo con Dirk Van Hulle, «Drafts often open up interpretive

---

4. «Bebo un vaso de cerveza y como un sándwich de queso en un asqueroso agujero nazi Rothenbaumchaussee».

5. «Invité a Martion a mi habitación. Le di un plátano».

6. «guiso pésimo en el sótano del teatro».

7. «Desagradable. No había espacio, la comida era insípida, no había bebida ni tabaco, y todo el mundo a voz en grito ¡Buen provecho!».

possibilities that cannot be perceived in the final version, and yet form an "underlying presence"» (2005: 3).[8] En ese sentido, Mark Nixon ha demostrado que los *Diarios alemanes* contienen elementos iniciales hacia «Journal of a Melancholic», desafortunadamente no completado (Van Hulle, 2005: 7). Asimismo, ambos críticos coinciden en afirmar que la escritura de los *Diarios* contribuyó, de un modo más general, a un giro en la carrera de Beckett como autor, mediante el uso de la primera persona. Una primera persona que aparece en *Watt* (1941-1943), su última novela escrita en inglés, entre París y Rousillon (Davies, 2021: 23). *Watt* presenta, además, situaciones plausibles de compararse con el contexto de una Europa en guerra y preguerra, tales como el racionamiento de la comida, por un lado, y el exceso, por otro; la dificultad en la libertad de circulación y movimiento; un perro de aspecto deleznable, al cual Watt tiene instrucciones de alimentar con los restos de la cena del señor Knott, y roedores a los cuales Watt alimenta voluntariamente. Se produce cierta complementariedad entre los excesos del señor Knott y las restricciones, limitaciones y pequeños placeres de Watt, complementariedad que también encontraremos entre personajes de obras como *Esperando a Godot*, con Pozzo y Lucky, y *Endgame*, con Hamm y Clov, y que nos remite a las referencias cruzadas en torno al nazismo. Algunas de estas referencias son claras y directas, como la afirmación realizada por Beckett en la entrada de los *German Diaries* correspondiente al 6 de octubre de 1936, a una semana de su llegada a Alemania, donde deja constancia de estar viajando a través de un país que muy probablemente estaría en guerra en el futuro próximo: «They must fight soon (or burst)» (GD, 6 de octubre de 1936, citado por Nixon, 2011: 7).[9] Seguidamente, en una carta del 18 de enero de 1937, dirigida a Thomas MacGreevy, su amigo en Irlanda durante el periodo, de quien, como afirma la crítica, irá distanciándose, Beckett confirma su deseo de continuar el viaje, pero, simultáneamente, su certeza de salir del país una vez finalizado el recorrido: «I shan't be in Germany again after this trip».[10] Estas menciones a una Alemania hostil intensifican la voluntad del autor por cumplir los objetivos de su viaje, fundamentalmente el acceso a la pintura moderna y la compra de unos veinte libros de filosofía y literatura alemana adquiridos en diciembre del 36. Por supuesto que, en este viaje, no solo la pintura y la lectura ocuparon un lugar central (además de la música de un modo u otro, como

---

8. «Los borradores a menudo abren posibilidades de interpretación que no pueden percibirse en la versión final, y sin embargo constituyen "una presencia subyacente"».

9. «Tienen que luchar pronto (o estallarán)».

10. «No volveré a Alemania después de este viaje».

hemos visto), sino que la arquitectura, la escultura gótica y las figuras suspendidas en los frescos eclesiásticos le aportan a Beckett elementos para una imaginación visual-tridimensional que será escenificada luego tanto en sus obras teatrales de los años setenta para el Schiller Theater-Berlin, como en sus piezas para televisión, sus obras transgenéricas (Sánchez Cardona, 2016: 147), sus «ecosistemas intermediales» (McMullan, 2021) o sus obras transmediales, como las llamo. Con las piezas para televisión, Beckett fue capaz de retratar figuras cuya rigidez suponía atemporalidad (Nixon, 2011: 151).

Insisto en la idea del «velo del lenguaje» y las menciones satíricas «desenmascarantes» sobre la situación política de Alemania durante los años treinta, ya que el propio Beckett se encarga de ridiculizar la cultura alemana de una manera mordaz, sin establecer un comentario moral, sino una inteligente y fuerte crítica política directa en cuya forma, justamente, se encuentran los elementos crítico-humorísticos del periodo que analizamos. Señala Nixon que el rechazo de Beckett del discurso nazi se entreteje entre afirmaciones políticas y bromas o proverbios que anticipan el final del régimen (2011: 87). La frase que Beckett escribe tras el discurso de Goebbels, «Alles hat ein Ende, nur die Wurst hat zwei», cuya traducción es «todo tiene un final, solo la salchicha tiene dos», es un comentario, en principio inocente, pero que pone en juego un elemento crucial de la cultura gastronómica alemana, la salchicha, que también encontramos a menudo en la obra beckettiana. Su función, en esta entrada del *Diario*, es la de representar un elemento cuyo final puede ser también un principio, como la lógica cíclica de las obras beckettianas, pero que opera en *oposición* a una situación política que *debe* finalizar.

Ciertamente, cuando Beckett llegó a Alemania, el ascenso nazi al poder era un hecho patente y los mecanismos para el régimen totalitario se estaban estableciendo a través de la propaganda y la censura, aspecto que es referido en *Watt* como «KulturKampf» (lucha política) (Nixon, 2011: 88). Las artes y la literatura se encontraban subyugadas por la política, lo cual significaba no solo la persecución de artistas e intelectuales, sino también la clasificación de sus obras bajo etiquetas de un régimen nacionalsocialista que las catalogaba como «degeneradas» si no cumplían con el llamado sentimiento nacional alemán o si no representaban a la cultura aria. Por ejemplo, a la ya mencionada exhibición *Entartete Kunst* (Arte degenerado), realizada en Múnich durante julio de 1937, Beckett no asistió porque ya se encontraba fuera del país; sin embargo, había visto algunas de estas obras en galerías privadas, experiencia por la cual surge su reflexión en torno a la idea del obispo Berkeley según la cual *ser* es ser visto, ser percibido. En este contexto de censura, nuevamente, la afirmación por el deseo de continuar el trayecto se vuelve más contundente. Beckett le había escrito a MacGreevy «When I have seen the pictures & struggled into the language I don't think I'll be sorry to go» (Nixon, 2011: 134),[11] frase que le vale a un investigador alemán, Steffen Radlmaier, el título de su trabajo crítico *Beckett in Bayern. Ich bin froh, wenn ich hier weg bin* (2011), una suerte de cronología del viaje beckettiano, especialmente por las ciudades de Baviera, en donde se produce el encuentro con el sastre en la ciudad de Bamberg, ciudad en la que el autor estuvo del 19 al 22 de febrero de 1937. Tras haber encargado allí su traje, este se demoró tanto en llegar que encuentra a Beckett ya en Núremberg, una ciudad que no le gustaba nada y en la cual debió permanecer más de la cuenta debido a la promesa del sastre de entregar su trabajo a fines de febrero (Radlmaier, 2011: 41). Situación cómica en sí misma, considerando que se trata de un encargo prolongado realizado durante un viaje, está incluida como epígrafe del ensayo *La pintura de los Van Velde o el mundo y el pantalón*, escrito en 1945, así como en la obra teatral *Fin de partida* (1957). En esta última, Nagg le cuenta a Nell el cuento del sastre, para distraerla, afirmando que siempre la había hecho reír hasta el extremo de casi morir, de zozobrar y ahogarse. Este consiste en la historia de un sastre que, efectivamente, se demora días, meses, en entregar el traje porque siempre le resta algo que remendar. Cuando el cliente obtiene el traje, expresa:

> ¡*Goddman* Sir, no, realmente, esto es indecente! Dios hizo el mundo en seis días, me comprende, en seis días. ¡Sí, señor, sí, EL MUNDO! ¡Y usted no tiene narices para hacerme un pantalón en tres meses! [*Voz del sastre, escandalizado*]. «¡Pero, señor!, ¡Señor! mire [*Gesto despreciativo, con asco*] el mundo... [*Pausa*] y mire... [*Gesto apasionado, con orgullo*] ¡mi PANTALÓN! (Beckett, 2006: 223).

A MODO DE –IMPOSIBLE– CONCLUSIÓN

Los *German Diaries* no solo son un pre-texto de la obra beckettiana, en el sentido de la crítica genética, sino que reflejan la percepción estética de una subjetividad europea en contexto de guerra (Lubrich, 2022: 71). Rodeado de megalomanía y grandes discursos propagandísticos nazis, Beckett lucha con el lenguaje a través de una escritura plurilingüe, conformada por inglés, francés y alemán, entre

---

11. «Cuando haya visto los cuadros y haya hecho un esfuerzo con el idioma no creo que me dé pena irme».

otros idiomas, hasta que comienza su proceso del *Unwort/speechless*, para el cual se aferra a las artes visuales como remedio frente a la despalabra; su esfuerzo por «cómo decir» será, por lo tanto, el motor de su carrera como escritor. Es lo que expresa en su *German Letter* de 1937, dirigida a Axel Kaun, el librero de Berlín, donde afirma que «Me está resultando, de hecho, cada vez más difícil, incluso sin sentido, escribir en un inglés oficial. Y cada vez más mi lengua se vuelve como un velo que debe rasgarse para llegar a las cosas subyacentes (o a la subyacente nada)» (Beckett, 2009: 513-514, traducción propia).

Será luego de este *ästhetische Bildungsreise*, tras su regreso a Dublín y un breve paso por Londres, cuando Beckett decida instalarse definitivamente en París y adopte el francés como lengua de creación ya que es la lengua que le permite escribir «sin estilo», para continuar, finalmente, *estetizando* su experiencia personal en su obra artística posterior.

Concluiremos este trabajo con una reflexión acerca de la estetización de la violencia. En su ensayo *La obra de arte en la época de la reproductibilidad técnica*, Walter Benjamin señala el carácter histórico de la obra de arte y destaca el rol de las fuerzas industriales en la estetización de la política. Si el arte fascista se empeñaba en la escenificación de los discursos, la propaganda y la teatralidad de las demostraciones o, como indican Adorno y Horkheimer en *Dialéctica de la Ilustración*, la tecnología de la reproducción favorecería el florecimiento de la industria cultural y, junto con ello, sus usos con fines propagandísticos, doctrinarios o, incluso, de vaciamiento de sentido; por el contrario, el arte y las tecnologías de Samuel Beckett contestan con la disolución de la alienación de los sentidos, ya en las frases finales de *El innombrable* comentadas anteriormente, ya en el último poema beckettiano, *Cómo decir / Comment dire*, o en su producción teatral. Recordemos para ello las reflexiones de los personajes de *Fin de partida*:

> HAMM: ¿No estamos a punto de... de... significar algo?
> CLOV: ¿Significar? ¡Significar, nosotros! [*Risa breve*]. ¡Esta sí que es buena!
> (Beckett, 2006: 228).

Por todo lo dicho, puede confirmarse la hipótesis central de este trabajo según la cual los pre-textos –en el sentido de crítica genética– satíricos, con contenido de lucha y violencia inmediata, de los *Diarios alemanes* de Samuel Beckett se *estetizan* humorísticamente en su obra posterior.

REFERENCIAS BIBLIOGRÁFICAS

ADORNO, Theodor (2004): «Arte, sociedad y estética», en *Teoría estética*, Madrid, Akal.

BECKETT, Samuel (1992*a*): *Proust*, Barcelona, Península.

BECKETT, Samuel (1992*b*): *The Collected Poems of Samuel Beckett*, Nueva York, Faber and Faber.

BECKETT, Samuel (1997): *Complete Short Prose of Samuel Beckett 1929-1989*, Nueva York, Grove Press.

BECKETT, Samuel (2003*a*): *Alles kommt auf so viel an. Das Hamburg Kapitel aus den «German Diaries». 2. Oktober- 4. Dezember 1936*, Hamburgo, Raamin-Presse.

BECKETT, Samuel (2003*b*): *Beckett in Hamburg 1936*, Online-Ausstellung der Staats- und Universitätsbibliothek Hamburg Karl Von Ossietzky, en línea: <http://schaukasten.sub.uni-hamburg.de/beckett/beckett_e/index.php?okt28.php> (consulta: 15/01/2022).

BECKETT, Samuel (2006): *Teatro reunido*, Barcelona, Tusquets.

BECKETT, Samuel (2009): *The Letters of Samuel Beckett*, vol. I, *1929-1940*, ed. Martha Dow Fehsenfeld y Lois More Overbreck, Cambridge, Cambridge University Press.

BECKETT, Samuel: Manuscritos del Archivo Beckett de la Universidad de Reading, Inglaterra.

BECKETT, Samuel: Manuscritos del Archivo Literatura Alemana de Marbach, Alemania.

BENJAMIN, Walter (1989): «La obra de arte en la época de su reproductibilidad técnica», en *Discursos interrumpidos I*, Buenos Aires, Taurus, pp. 17-57.

CASTAGNINO, María Inés (2012): «El espejo de dos caras: relaciones entre algunas piezas teatrales de Samuel Beckett y las artes pictóricas», actas del *VIII Congreso Internacional de Teoría y Crítica Literaria Orbis Tertius*, La Plata, 7-9 de mayo, en línea: <http://sedici.unlp.edu.ar/handle/10915/26955>.

COTRONEO, Vanesa (2021): «Écfrasis y traducción transmedial en el teatro de Samuel Beckett», en *X Congreso ATEACOMP*, Universidad Nacional de Catamarca, Argentina, en línea: <https://www.youtube.com/watch?v=dvo-ijHSNS4>.

DAVIES, William (2021): *Samuel Beckett and the Second World War*, Londres, Bloomsbury Academic.

FERNÁNDEZ, José Francisco (2018): «Beckett, Lewis, Joyce: Reading *Dream of Fair to Middling Women* through *The Apes of God* and *Ulysses*», en Olga Beloborodova, Dirk Van Hulle y Pim Verhulst (eds.): *Beckett and Modernism*, Cham, Palgrave Macmillan, pp. 81-94.

KNOWLSON, James (1996): *Damned to Fame*, Londres, Bloomsbury.

LOIS, Élida (2014): «La crítica genética: un marco teórico sobre la disciplina, objetivos y método», *Creneida*, pp. 57-78, en línea: <www.creneida.com>.

LUBRICH, Oliver (2022): «Samuel Beckett en la Alemania nazi», *Revista Nexos*, México, en línea: <https://www.nexos.com.mx/?p=67627> (consulta: 02/05/2022).

LUKÁCS, Gyorgy (2005): «Sobre la cuestión de la sátira», en M. Burello, R. Rohland de Langbehn y M. Vedda (eds.): *Teoría crítica de la sátira*, Buenos Aires, Facultad de Filosofía y Letras, pp. 5-28.

MARGARIT, Lucas (2014): «Samuel Beckett y Georg Trakl: dos poéticas del desencanto», *Revista Beckettiana* 13, Facultad de Filosofía y Letras de la Universidad de Buenos Aires, en línea: <http://revistascientificas.filo.uba.ar/index.php/Beckettiana/article/view/1451> (consulta: 10/02/2022).

MAUTHNER, Fritz (2001): *Contribuciones a una crítica del lenguaje*, Barcelona, Herder.

MCMULLAN, Anna (2021): *Beckett's Intermedial Ecosystems. Closed Space Environments across the Stage, Prose and Media Works*, Cambridge, Cambridge University Press.

NIXON, Mark (2011): *Samuel Beckett's German Diaries 1936-1937*, Londres, Continuum.

NIXON, Mark y Dirk VAN HULLE (2017): *German Fever. Beckett in Deutschland*, Marbach, Marbachermagazine.

POTHAST, Ulrich (2008): *The Metaphysical Vision: Arthur Schopenhauer's Philosophy of Art and Life and Samuel Beckett's Own Way to Make Use of It*, Berlín, Peter Lang.

SÁNCHEZ CARDONA, Luz María (2016): *Samuel Beckett electrónico: Samuel Beckett coclear*, Documentos DAH, Universidad Autónoma Metropolitana, México, Juan Pablos Editor.

RADLMAIER, Steffen (2011): *Beckett in Bayern: Ich bin froh, wenn ich hier weg bin*, Bamberg, Kleebaum Verlag.

VAN HULLE, Dirk (2005): «Introduction: Genetic Beckett Studies», *Beckett the European. Journal of Beckett Studies* 13(2), pp. 1-9, en línea: <https://www.jstor.org/stable/26468963?seq=1> (consulta: 07/02/2022).

VAN HULLE, Dirk (2009): «Ulrich Pothast, The Metaphysical Vision: Arthur Schopenhauer's Philosophy of Art and Life and Samuel Beckett's Own Way to Make Use of It», *Journal of Beckett Studies* 17(1-2), mayo, pp. 225-229, en línea: <https://www.euppublishing.com/doi/full/10.3366/E030952070900017X> (consulta: 15/02/2022).

UNA MEZCLA DEMASIADO RICA
«YELLOW» Y OTROS SIMPÁTICOS DESPROPÓSITOS

John Pilling
Universidad de Reading

> Unos van, otros vienen. Belacqua se sintió como
> si le hubieran dado la espalda en la cama («Yellow»).

ANTES DE 1945

Podemos suponer, con bastante certeza, que no hace falta leer a Beckett en profundidad para darse cuenta de que nos encontramos ante un escritor que tiene, y tenía, un sentido del humor muy desarrollado, a pesar de que (o quizá precisamente por eso) no esté del todo claro qué es lo que nos quiere decir con esa súbita ligereza de tono en un momento dado. El chiste, por así llamarlo, se muestra propenso a deslumbrarnos, a estallar como unos fuegos artificiales para después irse apagando, dejándonos en la oscuridad más inquietos de lo que estábamos antes, ansiosos por volver a poner los pies en tierra firme y sin saber dónde encontrar algo de consuelo. Hay en Samuel Beckett unos cuantos momentos humorísticos que no tienen ningún propósito, presumimos, más allá de sí mismos: un perro (que no un oso) llamado Teddy en *Molloy* o una bicicleta (que no una silla de ruedas ni un manual de autoayuda) para una tal Miss Walker en *Watt*. En casos como los anteriores nos damos cuenta de su brillantez casi de forma subliminal, especialmente si nos apremian otros asuntos más, cómo decirlo, apremiantes, siendo quizá el más importante la compulsión de seguir leyendo. No tendría sentido preguntarse el porqué de tales asuntos; es el cómo lo que importa. Beckett siempre se inclinaba por una estética que encarnase su propia sencillez, de una manera no muy distinta de esa idea budista con la que se topó cuando leía a Schopenhauer en 1930: *tat twam asi* (*Dream Notebook*, ítem 654). La frase se traduce normalmente como «Así es como eres», una versión antigua de lo que en argot moderno sería «Esto es lo que hay», o en lenguaje beckettiano, tal y como aparece en el poema «Alba» de 1931, sería una frase para referirse a algo que está más allá de las preocupaciones inmediatas: «un enunciado en sí mismo trazado sobre la tempestad de emblemas» (Beckett, 2012: 10). Como es bien sabido, a Beckett nunca le faltaba tiempo para eludir una definición cuando se le preguntaba qué quería decir tal cosa, o a qué se refería con tal otra que resultaba ser especialmente enigmática, a lo que podía responder con una de sus frases favoritas, «¿Por qué era verde el abrigo de Werther?», una salida muy adecuada siempre que no se olvide que el abrigo de Werther era, en realidad, azul. Era la misma actitud, creo yo, con la que de forma implícita quitaba importancia a los huesos desnudos de su colección de poemas de 1935 (*Echo's Bones and Other Precipitates*) cuando le aseguraba al que por un tiempo fue su amigo, Georges Duthuit, que la clave para entender la mitología no estaba «en los precipitados», sino seguramente «en los precipitantes» (Beckett, 2011: 139).

El impulso beckettiano siempre ha consistido en mantener el misterio de por qué tiene que haber algo («algo ahí», Beckett, 2012: 202) en lugar de que no haya nada. «La experiencia del lector» –se había dicho a sí mismo, o bien lo había «cavilado» (Beckett, 1992: 137), puesto que en 1931-1932 no había otro lector que no fuera él mismo– «tendrá lugar entre las frases, en el silencio, le será comunicada en los intervalos, no en los términos del *enunciado*, entre *flores* que no pueden coexistir, los periodos antitéticos (nada tan *simple* como lo antitético) de las palabras, su experiencia ha de ser amenaza, milagro, memoria de una trayectoria inefable» (énfasis nuestro). Una trayectoria inefable, pero en gran medida *hablada*, a primera vista poco más que una derivación de Rimbaud, hasta que uno se percata de que las valoraciones son «antitéticas» con respecto a lo que al principio parece que dicen. Se podría decir que se trata de un peculiar sentido del humor que no se puede tomar de forma antitética, es decir, seriamente, entre otras cosas porque nunca se puede asegurar que se reciba con el mismo espíritu en el que se supone que debe funcionar. Que no se vea júbilo donde no lo hay, por así decirlo.

En el primer Beckett, y especialmente en *More Pricks than Kicks*, es donde se encuentran los mejores chistes, antes de que las vistas se tornaran más sombrías y menos gloriosas («Magníficas vistas, si no fuera por la neblina que lo cubría todo»

[Beckett, 2010c: 3]). En sus escritos de antes de la guerra, una y otra vez encontramos a Beckett preocupado por aquello de lo que parece que se está riendo. De forma irónica, y contrariamente a lo que a veces da a entender con «dejaré que me vean antes de desaparecer del todo» (Beckett, 2010c: 141), el texto en el que manifiesta esta preocupación, «Lightning Calculation», queda en suspenso a principios de 1935 debido a su apuesta decidida por *Murphy*. Este intento por contar una historia, que refleja en parte «su incapacidad para olvidar la muerte de su padre» (Pilling, 2011: 116), se queda en un pudo ser y no fue, y en cualquier caso lo abandonó por sacar el libro de *Murphy* adelante y seguir avanzando, siendo este el primer ejemplo de «a eso lo llamas seguir, a eso lo llamas adelante», un axioma que se articula a partir de los fundamentos estéticos que se establecen al comienzo de *El innombrable*. Pero «Lightning Calculation» fue un error de cálculo, como también lo fue el relato «Echo's Bones», este último una fruta especialmente madura producto de la pena y de la rabia con la que se quiso quitar todos los fantasmas de un manotazo. Los relatos de *More Pricks than Kicks*, por el contrario, nos cuentan, cada uno a su manera, que uno se encuentra bromas viles así como momentos de jolgorio de camino a la tumba («Love and Lethe» me viene a la memoria, pero también «Dante and the Lobster», claro está), aunque bien sabemos que a la muerte no se la engaña por mucho que queramos posponerla. Lo inevitable es intolerable, pero al mismo tiempo es imposible tomárselo del todo en serio; como esa ocurrencia que Alfred Polgar hizo sobre Austria en 1939, atribuida también a Karl Kraus, de que la situación es desastrosa, pero no es grave. Esta toma de conciencia, tratada de forma casual, se encuentra en uno de los ítems que más fácilmente se pasan por alto en el *Dream Notebook* [ítem 538]: «¡Un nuevo gozo! ¡Un nuevo gozo! ¡Hacerse rico! ¡Hacerse rico! (todos menos el enterrador)», pero de forma más desarrollada en el asunto que me concierne en estas páginas, el relato «Yellow». Se trata, es evidente, de llenar de contenido el ítem 946 del *Beckett's Dream Notebook*: «... se acobardó un poco, ya le valía», un apunte sacado (igual que la cita usada en el epígrafe de este capítulo) de la tercera parte del libro de Robert Burton *Anatomía de la melancolía*. (¿Acaso no fue también «un poco cobarde» por parte de Beckett cuando, al solicitar el puesto de profesor de italiano en la Universidad de Ciudad del Cabo [Beckett, 2009f: 523-527], se refirió a *More Pricks than Kicks* como *Relatos cortos*, al tiempo que se decía a sí mismo que esta estratagema servía también para demostrar cómo el género en sí desafiaba cualquier intento de atribuirle importancia alguna?).

«YELLOW»

> Estaba fuera de mis cabales. No suelo salirme de ellos, de mis cabales, de lo profundos que son (*Molloy*).

«¡Reír! ¡Vaya si se rio! Hasta saltársele las lágrimas» (Beckett, 2010*b*: 163). Es como si, antes de que se produjera una finísima división del tímpano en *El innombrable*, e incluso antes de que un tal Lawrence Harvey apuntara la frase que le dijo Beckett, «Lo que importa de verdad es la risa y el llanto», la consanguinidad de estas desesperadamente contiguas respuestas a la vida no podía ser otra que lo que parecía ser. Como un fragmento de su propia vida, así fue como empezó «Yellow», una historia motivada (así lo indica Knowlson en su biografía, dada la forma en la que Beckett «tomaba notas de lo que recordaba de sus experiencias y sentimientos» [1996: 166]) por haber sido él mismo ingresado como paciente en un hospital de Dublín (¡El Merrion!) para que le trataran un quiste infectado en el cuello y un dedo en martillo que le hacía mucho daño. Resulta muy significativo que Beckett, el intelectual, hubiera tomado notas sobre una estancia «que duró mucho más de lo que había anticipado» (ibíd.), de la misma forma que tomaba notas sobre filosofía, psicología y buena parte de la literatura que ya no estaba obligado a estudiar para aprobar exámenes de tipo académico. Porque, aunque Beckett evidentemente sentía de forma muy intensa las enfermedades del cuerpo —sus *Diarios alemanes*, de 1936-1937, se prestan a lecturas dolorosas en este sentido—, no era tanto el cuerpo («Los cuerpos no importan...» [Beckett, 2010*b*: 167]) como la mente lo que le preocupaba profundamente. Y el golpe más terrible de todos llegó en la última semana de julio de 1933 con la muerte de su padre, víctima de dos ataques al corazón seguidos. Lo que estaba demasiado fresco para ponerlo en un relato —y no solo en «Yellow», sino también en «Draff», y también de nuevo en el malogrado texto de «Echo's Bones»— solo podía ser procesado por la mente, si es que algo así puede prestarse a ser procesado en primer lugar. En la mente, la inevitabilidad de la muerte podría llegar a parecer algo comprensible, aun cuando continuaba estando más allá de la capacidad, más o menos desarrollada, de asimilarlo. El «peligro», Beckett podía llegar a decirse, estaba definitivamente en «la pulcritud de las identificaciones» (Beckett, 1983: 19), pero eso no se prestaba a que fuera una distinción muy reconfortante. En una valoración mucho más tardía del «hermoso» ensayo de su amigo Pierre Schneider sobre el poeta Corbière en *La Voix Vive* (París, Minuit, 1953; un título que se hacía eco, *viva voce*, y que ponía de relieve la voz *viva*), Beckett anotó la idea de que la vida era, en términos metafóricos, una errata en el texto de la muerte (Beckett, 2011: 317-318). Hacia mediados de los años treinta, su reacción había sido algo menos literaria, pero –sin duda, necesariamente– aún regulada por algún tipo de equiparación: «Ha pasado por eso, sabe de lo que habla» (1983: 90), escribió Beckett al final de su reseña sobre la novela de Jack Yeats *The Amaranthers* (1934), siendo el amaranto un símbolo de inmortalidad en la mitología griega. Lo que sabía era que la conmoción pura y dura de la muerte de su padre le había hecho pasar por algo que no estaba preparado para soportar.

El relato «Yellow» está diseñado para terminar con algo así como con un disparo final, lo que le proporciona una fina ironía literaria si tenemos en cuenta el arma que no se dispara al final de «Love and Lethe». En ambos casos, sin embargo, los elementos ridículos se tratan como si no fueran más que un *fiasco*, un término que Beckett reservaba generalmente (de manera destacada también en «Yellow», como se verá más adelante) para encuentros fallidos de naturaleza sexual. *Fiasco* era un término que Beckett se mostraba inclinado a usar en las raras ocasiones en las que se refería a *More Pricks...*, ocasiones que se limitan casi en su totalidad a la correspondencia de antes de la guerra. Así, usa la expresión en una carta de 1934 sin publicar dirigida a MacGreevy, en la cual se pregunta cómo Stendhal se las apaña para mantener la continuidad narrativa teniendo en cuenta la disfunción sexual en el centro de la novela *Armancia*. Todos los fiascos (incluso aquellos sin una pizca de contenido sexual) son más humorísticos que trágicos y más absurdos de lo que sería congruente de ser serios del todo. Pero a Beckett le gusta mantener vivos los aspectos potencialmente desastrosos de un fiasco todo el tiempo que le sea posible, como por ejemplo cuando en el relato «Walking Out», seguramente el primero que escribió para esta colección (ya se menciona en una carta de 1931), el mismo motivo aparece con un trasfondo semipastoral y en donde, según leemos, Belacqua «tropezó con una rama podrida que sobresalía pegada al suelo, quebrándose con *un fuerte sonido*, y que provocó que se cayera de bruces contra el suelo» (Beckett, 2010*b*: 104; el énfasis es nuestro). En «Yellow» se da mucho juego –en una historia, además, que es ya de por sí muy teatral, pues casi pide a gritos que se represente en escena– a la abstinencia sexual que Belacqua se ve obligado a guardar debido al lugar en el que se encuentra, con la salvedad de que se insiste repetidamente en ello, conforme Belacqua asciende hacia su destino, todo ello aliñado con una referencia a nada menos que a Hotspur en *Enrique IV* (primera parte), cuando se leen cosas como: «Se subió a la mesa de un salto, como un novio» (Beckett, 2010*b*: 164; antes se le describe como una novia: 2010*b*: 160; el cortesano bien perfumado está en *Enrique IV*, acto 1, escena III). El saltito de Belacqua le sitúa, justo cuando su vida va a encontrar su final, en el mismo plano que la enfermera al comienzo de «Yellow», que «entró pegando un brinco justo antes de que dieran las cinco y encendió la luz» (2010*b*: 151), aunque el cuadro final se vuelve contra ella («Te esperan abajo a las doce [...] ¡Abajo!» [2010*b*: 151]), como si Belacqua fuera a alcanzar una victoria pírrica a pesar de todo, en lugar de aceptar simplemente lo que el destino tenía guardado para él. El «salto» con el que comienza el relato se mantiene con gran brillantez en la forma en la que la enfermera de noche –una especie de sibila en una versión rebajada de la épica *nekuias* en la *Odisea* y en la *Eneida*– intenta mantener el buen ánimo por medio de sus palabras; considera que la charla intrascendente es la mejor manera de mantener a sus pacientes alerta y así alejar todo posible atisbo de pesadumbre. Suponemos que, en el caso en el que esta escena inicial fuera representada, podríamos esperar que su saltito justificara una mirada de Belacqua a su busto; una vez dicho esto, es necesario añadir que aunque en el hospital los valores visuales son la norma, habiendo motivos suficientes para mirar, no debemos ponerlos por encima de los juegos verbales que el autor despliega con total deleite, especialmente en lo relativo al uso de las palabras *arriba* y *abajo*, semánticamente insignificantes pero representativas de esta situación en concreto, tanto en este relato como en «Draff»: no se trata exactamente de *double entendres*, pero por ahí andan.

Lo que hace de «Yellow» un texto tan absorbente es la asombrosa destreza con la que Beckett maneja lo que sabe que debe ser una especie de adiós, en tanto en cuanto su alter ego, Belacqua, ha agotado toda utilidad que podía tener después de las 240 páginas de *Dream...*, y casi el mismo número para *More Pricks...* La estrategia que emplea es estructural y situacional: Belacqua por un lado, las enfermeras por otro, pero ambas partes relacionándose entre sí lo mejor que pueden. Beckett permanece (aparentemente) impávido ante lo que a todas luces es algo así como una competición, no muy distinta a esa sátira que escribió en 1931 en Trinity College Dublin, «The Possessed», con ese «concurso sin precedentes –¿Una competición, quizá? [...] programado para empezar en cualquier momento» (Beckett, 1983: 99). «Yellow» ocupa nada menos que siete horas en la vida de los competidores, todo ello en menos de veinte páginas. Sobre todo tiene que entretener, Beckett parece decir, pero es preciso que el entretenimiento tenga un semblante serio. Es por ello por lo que se presta tanta atención a la *mente* de Belacqua: no hay nada parecido en el libro de *More Pricks...*, en su conjunto. Pero, aunque el enfoque de la acción es intenso, todo está controlado por la ironía: por muchos pensamientos que tenga Belacqua, y que utiliza como espada y escudo contra la adversidad, nada le va a salvar el pellejo. La conciencia estructural de Beckett está tan desarrollada que puede construir una imagen plausible de la mente de Belacqua mientras que muestra al mismo tiempo lo «frágil» (Beckett, 2010*b*: 151) que resulta el conjunto. (En *Murphy*, Beckett vuelve a tratar este tema; el horóscopo le dice, tanto a él como a nosotros, que «Pocas mentes están tan bien pertrechadas como las de este individuo» [Beckett, 2009*d*: 23] y los pertrechos de su mente se despliegan en toda su amplitud a lo largo de la novela, aunque el factor dominante sea el destino que le aguarda en el «caos» desordenado de la explosión de gas).

La forma en la que la mente funciona –por asociación, pero también al ir de un sitio para otro (la palabra *mente* aparece más de una docena de veces)– está sujeta a muchas limitaciones: «Cuando la mente está en paz, el cuerpo está sensible» (*King Lear*, acto 3, escena IV). Desde un punto de vista situacional, Belacqua no podía estar muy alejado de la figura que su «ocasional» amigo en el relato «Ding Dong» recuerda como alguien muy «animado» por «la creencia de que lo mejor que podía hacer era moverse constantemente de acá para allá» (Beckett, 2010*b*: 31). La inmovilidad, así concebida, demuestra ser un punto de vista admirable desde el que observar las salidas y las entradas de las enfermeras que nunca parecen quedarse quietas; mientras las observa consigue engañar lo que, de otra forma, sería un «tiempo muerto». Sin embargo, la mente de Belacqua está llena de vida; Hardy, Donne y un montón de otros autores forman una falange (2010*b*: 160) –cabe señalar las frecuentes imágenes de guerra– protegiendo un tesoro que parece, conforme nos adentramos en el interior del paciente, aplacar la mente («para hacerla más acogedora» [2010*b*: 153]), en lugar de facilitar que se centre en un tema concreto. La figura de «Crusoe» es, naturalmente, la de Defoe –Beckett conocía el libro desde hacía tiempo y le dirá a Barbara Bray en una carta, mucho tiempo después, que al leerlo de nuevo le habían llamado la atención numerosos rasgos de tipo lingüístico bastante inusuales–. Otras de las muchas reliquias literarias de Belacqua proceden de fuentes donde hay giros de palabras memorables: véase la paradoja de Donne; la «pena» y el «pesar» de Hardy en *Tess*; las «pequeñas imperfecciones del amanecer» de Dickens (2010*b*: 155; referencia tomada y casi reconocida de *Little Dorrit* [libro I, capítulo 9]); el lema de Goethe «ohne Hast aber ohne Rast» ([2010*b*: 157] aunque «Yellow» no sería nada sin que la prisa y el descanso no compitieran entre sí por dominar la escena); Juliana de Norwich («no dudaba que todo iría bien» [2010*b*: 162]), y muchas otras figuras menores o al menos largo tiempo olvidadas. Mucho de esto hace de grano para su molino mental, a pesar de que poco alimento parece obtener de ahí. Fragmentos literarios de aquí y de allá (pensemos en *How It Is*) funcionan solo como indicadores virtuales de lo que podrían ser, o de lo que podrían haber sido, productos de una sensibilidad del tipo «como si...»; lejos de proporcionar algún tipo de aclaración, funcionan más bien como instrumentos de la oscuridad, diciéndonos (como Claudio le dice a Hamlet, «Así es», cuando *no* es así) verdades que brillan durante un momento para luego apagarse. No se trata simplemente de poner «límites» a Demócrito (2010*b*: 160); cada cita o alusión sale por piernas cuando Belacqua intenta «llevar a la orilla» (2010*b*: 153) todo lo que pueda de su propio naufragio.

En cuanto a afirmaciones tales como «Soy lo que soy» (2010*b*: 152), que incluso se ven reforzadas un párrafo o dos más adelante con «Él era lo que era» (2010*b*: 153), el hecho en sí de que sea necesario ese refuerzo es ciertamente cómico, un intento irrisorio de mantener algún tipo de dignidad en una situación en la que el mero hecho de existir no es sino un privilegio que puede ser cruelmente arrebatado. «Yellow» explota los limitados efectos negativos por medio de frases como «Por no decir nada de...» (2010*b*: 152, 154); «A no ser, naturalmente, que...» (2010*b*: 154), y «Si no fuera así...» (2010*b*: 153); el narrador siente empatía hacia su víctima, pero tan solo puede brindarle una señal supletoria de despedida (véase «Da Tagte Es» [Beckett, 2012: 22]). Partiendo de elementos comunes y corrientes («Cosas baratas [...] que no cuestan absolutamente nada»; *Dream Notebook*, ítem [533]: una entrada que no le costó nada porque la obtuvo gratis de *Little Dorrit* [libro I, capítulo 27]), Beckett ironiza sobre lo que Belacqua sospecha que puede ser su último acto, y así es. Más o menos por esa época, cuando escribía «Yellow», Beckett intentaba escribir su propio epitafio –no muy alejado del de Belacqua– en un poema que se convertiría en «Malacoda», en donde predominaban presagios de un «mal final»: «... lo que debe ser debe ser debe ser» (Beckett, 2012: 21).

El humor, desde el punto de vista de Belacqua (o por extensión, al menos, desde el punto de vista de Beckett), es una parte de la armadura emocional de cada uno, por muy a la deriva que nos encontremos en un océano de problemas o que creamos estarlo. Belacqua, que encuentra la melé de la vida en el hospital demasiado para él –a pesar de que la frecuencia en las interrupciones provocadas por la enfermera, aguja en ristre, dispuesta a efectuar el pinchazo, disminuye conforme pasa el tiempo–, encadena chistes malos uno tras otro «todo el santo día» (2010*b*: 153) para conseguir llegar hasta la noche, o al menos hasta que pase la mañana, sin que muchos de ellos tengan ninguna gracia. Sin embargo, Beckett demuestra claramente que está dispuesto a seguir con la broma hasta el final y convertirla en el pivote de este relato, un drama de la vida diaria que sale mal, con consecuencias de lo más ridículas, como si todavía le quedara algo de vida. (Beckett pensaría más tarde, tras una lectura de *Sentido y sensibilidad*, que Jane Austen podría enseñarle seguramente un par de cosas, aunque cabe preguntarse qué hubiera hecho con *Lover's Vows*, de Kotzebue, tal como aparece en *Mansfield Park*, una novela que al parecer nunca llegó a leer). En «Yellow» sobrevuela la idea de que los participantes en esta especie de drama tienen que haber sido aficionados, aunque las figuras clave de lo que Belacqua insiste en considerar algo crucial (al tiempo que se fragua una crisis) son, o deberían comportarse como, profesionales, lo que de manera tan lamentable no consiguen ser. Aquí Beckett se muestra dispuesto a pagar el precio de manejarse, aparentemente, en el más bajo nivel antinómico que parece asignar como inevitable al género del relato –a pesar de Joyce y de Chéjov, por mencionar tan solo a estos– tras decidir que la así llamada solución «O. Henry» al problema de arrancar y seguir adelante podría al menos, por una vez (Beckett solo lo intenta una vez), producir el efecto que se supone tendría que producir. Beckett parece haberse dicho a sí mismo: «Esta anécdota no es especialmente divertida, pero a fuerza de repetirla puede que consiga entrever cómo funciona el mecanismo que conduzca a una conclusión. De todas formas, ¡solo lo voy a utilizar una vez!». Indudablemente, la pregunta filosófica que cabe hacerse es ¿qué diferencia hay entre un chiste malo y un equipo médico inepto? Y quizá la respuesta de sentido común sea que no hay mucha diferencia si se compara una cosa con otra. Pero la posición de Beckett con respecto al asunto de la indiferencia, cuando se le pide ofrecer una moraleja –algo que ya había tratado de forma indirecta en el ensayo en forma de libro *Proust*, cuando no encontró en la *Recherche* «ni gatos negros ni perros fieles» (Beckett, 1965: 89)–, parece, al menos en esta lectura no lo suficientemente reconstruida, perfectamente justificada dadas las circunstancias, y lo que es más importante, quizá sea una exposición perfectamente razonable de cómo la construcción no puede dejar de tener un lugar primordial en cualquier intento o logro artístico. Lo que para Beckett era un asunto de encajar piezas, como si de armar un rompecabezas se tratase, aquí resulta ser, sorpresivamente, crucial. La repetición se convierte en parte del tejido emocional de «Yellow», siguiendo a pies juntillas la filosofía de hacer «dos agujeros en la madriguera» (Beckett, 2010*b*: 36) y de «desvelar el espectáculo *pari passu* que el espectáculo» que había aprendido de *Joseph Andrews* (Beckett, 2009: 129). A su relato le imprimió el sesgo que Fielding hubiera considerado (o puede que no) una derogación de las reglas no escritas que operan en la escritura creativa: «¡Mi vida!, exclamé. Pues claro, dijo él, ya sabes, ese tipo de... ¿Cómo lo diría? Se quedó meditando un rato, sin duda intentando pensar qué podría considerarse una vida de este tipo» (Beckett, 2009*e*: 29).

Allí donde no hay diálogo no hay humor, e incluso en los monólogos de las «Tres novelas» hay abundantes dualismos. En el tercero de los *Tres diálogos*, B le recuerda a D lo poco convincentes que son las objeciones a la «visión dualista del proceso creativo» (Beckett, 1983: 144), aunque su principal preocupación es criticar el tipo de arte que solo «se esfuerza por alargar los límites del compromiso» y que se siente culpable por «no haberse movido nunca del terreno de lo posible» (1983: 138-139). Pero en «Yellow», Beckett estaba totalmente preparado para darle una oportunidad a la conversación ingeniosa, al hacer que los intercambios conversacionales, muy banales por otra parte, tuvieran algo más de colorido. En sus diálogos, «Yellow» se sitúa en el límite de lo que B, en el primero de los tres diálogos, denostara como «un cierto orden en el plano de lo posible» (1983: 139). (Al menos una parte de ese «cierto orden» parece lo suficientemente *in*cierto para reflejar las dudas del hablante con respecto a la viabilidad de este plan descabellado. Incómodo, pero no del todo molesto por la pregunta de D, «¿Qué otro plano le queda al creador?», B cede terreno parcialmente al responderle «Lógicamente, ninguno» [1983: 139]). Los diálogos en el hospital proporcionan un modelo ideal, o casi, de lo que en el intercambio entre B y D tiene un alto nivel de abstracción, más allá de cualquier grado de plausibilidad, lo que se convierte quizá en razón suficiente para que los modelos en la vida real de B y D se distancien el uno del otro, aunque no exista entre ellos ningún otro motivo de disputa.

El Belacqua de Beckett no se guarda en el hospital ningún as en la manga, excepto el tanto que se puede apuntar *en respuesta* a lo que le dicen las enfermeras, un adecuado papel secundario a nivel de la vida real y no del todo inadecuado a nivel ficticio puesto que se le va a tratar como algo prescindible. Cualquier victoria que pueda lograr en una situación como esta será poca cosa en el mejor de los casos, fácil de ignorar (2010*b*: 151) y de recorrido muy corto («Ella se dispuso a marcharse» 2010*b*: 151). Sus propios intentos de mantener un estilo cortante caen en saco roto, como cuando contesta con un simple «Sí» en lugar de continuar hablando efusivamente con palabras del tipo «Qué habitación tan bonita [...] con ese sol de la mañana» (2010*b*: 158), como dicta la situación. Hasta eso le abandona cuando quiere estar a la altura, aunque sea negando lo que acaba de decir, pues ya se ha indicado desde un principio que «parece que la mañana se presenta aburrida, de lo más molesta» (2010*b*: 154), o como él se dice a sí mismo, «no recuerda haber pasado una mañana tan mala» (2010*b*: 155). Más tarde se limitará a repetir como un loro las palabras *bonita* y *sol de la mañana*, conforme se adapta al «curso de los acontecimientos» (2010*b*: 159), pues los gestos de abnegación que hizo al principio no parecen especialmente audaces a la luz del día, sino que funcionalmente son todavía más irrelevantes de lo que eran en un principio. El curso de los acontecimientos, revelado tácitamente al lector a través de las últimas notas, es lo que acabará con él («La mezcla era demasiado rica, no cabía duda» [2010*b*: 164]). Como ocurre con el caso de Murphy, lo que teme Belacqua es a la vez normal y anormal y, aunque se le negará la satisfacción del «ya te lo dije», los acontecimientos muestran que por muy absurdos que parezcan sus mecanismos de defensa, estaban fuera de lugar en lo que respecta a los pros y los contras de la práctica de la medicina.

Lo que llevó a Beckett al hospital de Merrion Street no podía nunca considerarse potencialmente letal, incluso le parecería trivial creer que pudiera causarle algún tipo de discapacidad. Eso es lo que el relato parece sugerirnos por la forma en la que hace que nos fijemos en el cuello y en el pie –lo más alto y lo más bajo– como si poseyeran agencia por sí mismos, un extraño tipo de vida, independientemente de la persona a la que pertenecen solo por defecto y que incluso, podría llegar a pensarse, disfrutarían si lograran desprenderse de él. Este subtexto «justifica» lo que de otra forma sería «ilegítimo», la preocupación obsesiva de Belacqua por una «familia anterior» (2010*b*: 152, 153, 154, 156) que no hemos conocido y que no llegaremos a conocer, puesto que ni siquiera su tía de edad avanzada, en «Dante and the Lobster», a la que se ve por última vez «cuidando de las flores que mueren en esa época del año» (2010*b*: 13), está en condiciones de ir a visitarlo. «Draff» le imprime a todo este asunto un giro adicional al preguntarse, con toda razón, «(¿Qué familia? [2010*b*: 173])», explotando al máximo la forma que tiene el paréntesis de distanciarse del discurso tanto visual como dramáticamente, al tiempo que de manera ostensible degrada el material que contiene. Repetidamente en «Yellow», aunque nunca de forma restrictiva, se lleva a cabo la necesaria operación cómica de hacer mucho de muy poco, porque las «pequeñas cosas que son tan importantes» (Beckett, 2010*b*: 132) realmente *son* mucho más importantes de lo que el maestro de la ironía se puede permitir reconocer; simplemente *hay* cosas que pueden cubrir de lágrimas hasta la burla más mordaz. «Yellow» parece hallarse a mucha distancia de, por poner un ejemplo, Estragón intentando quitarse la bota, sin ningún éxito, al comienzo de *Godot*. Sin embargo, en aquel caso, como ocurre en este, «no hay nada que hacer», siendo la principal diferencia que en *Godot* esta idea se transforma en hecho distintivo, mientras que en «Yellow» la idea se queda en el éter, sin llegar a realizarse, constituyéndose así en una prueba (de algún tipo) de que «lo real parece ser lo inevitable» (Beckett, 1965: 14). ¿Y el artista? Activo, pero no en sentido positivo, invisible, «encogiéndose de la nulidad de los fenómenos extracircunferenciales, arrastrado al corazón del remolino» (1965: 65-66).

Beckett evidentemente gozaba con la idea de que, etimológicamente, el paciente *sufre*, mientras que el agente *hace*. Llega a ser cómico si a ambos se les trata imparcialmente, teniendo en cuenta que ambos son vulnerables por igual a aquello que no se puede prever. Beckett tomó buena nota de un motivo recurrente, el acontecimiento imprevisto (*l'imprévu*), en la novela de Stendhal *Le Rouge et le Noir* (Beckett, 2009f: 228), apuntando tres acontecimientos seguidos en su *Dream Notebook*. El hecho en sí de resaltarlos nos da a pensar que quería imitar este rasgo típico de Stendhal, incluso si abusar de esta táctica significaba que *Dream* se hundiría por su propio peso. En su irónica descripción, Beckett define *Dream* como una «crónica virgen» (1992: 118), aunque queda manifiestamente claro que, por muy inesperado que pueda hacer que parezca por medio de enfatizar el momento presente, casi todo lo que allí se narra ya se ha usado (y abusado) muchas otras veces, ya sea por figuras artísticas de renombre (Beethoven, Rembrandt, etc.) o a través de los libros que Beckett leía y de los que tomaba prestado (véase en este sentido mi *A Companion to Dream of Fair to Middling Women*, passim).

En la vida real, la inesperada muerte de su padre fue, de forma inevitable, la causa de mucho dolor. Pero desde el punto de vista de su propio arte narrativo, supuso algo así como un pase libre, incluso si las limitaciones intrínsecas del arte lo expusieron necesariamente a los rigores de «lo único posible», como se anticipa por dos veces en *Murphy*. No había, por supuesto, ninguna necesidad –la «necesidad», irónicamente, era una de las preocupaciones obsesivas de Beckett– para que Murphy, el personaje, muriera, igual que tampoco la había para Belacqua. Era la musa de Beckett quien así lo dictaba. Y una ironía todavía mayor se hace evidente cuando nos fijamos en cómo los dos personajes influyen en los acontecimientos a pesar de que ninguno de ellos está vivo y no puede, por tanto, alterar la forma en la que se desarrolla la vida sin ellos: hablamos de «Draff» o del relato «Echo's Bones», por ejemplo, o de la escena mortuoria seguida de ese episodio en el parque tan emotivo al final de *Murphy*. En el resumen final de escenas en *Mercier y Camier*, esto se reduce a un «La vida de después de la vida». Seguramente a Beckett no le pasó desapercibido que la forma en la que a algunos de sus «sujetos» se les permite una vida más allá de la muerte se vuelve contra la creencia generalizada, propia del Renacimiento y del Romanticismo, de que las mujeres, aquellas que generan vida, son también en gran medida las que la mantienen, aunque «Yellow», extrañamente, se proyecta hacia un inconcebible futuro a través de la sonrisa que Belacqua despliega hacia la enfermera del quirófano, a la que llama la «Wincarnis» («Años más tarde, cuando el resto del personal había pasado al olvido, ella aún se le aparecería en la memoria» [Beckett, 2010*b*: 160]; «Ella no la olvidaría [esa sonrisa] así como así» [Beckett, 2010*b*: 164]). Estos sólidos indicios demuestran ser, claro está, rehenes del destino, tanto como la sensación del protagonista de que «El día estaba transcurriendo la mar de bien»; «El día no corría peligro, cualquier tonto podía darse cuenta»; «Realmente el mundo estaba en plena forma esa mañana» (Beckett,

2010*b*: 155; 159; 163). Queda al menos un rastro de humor en el intento de engañar a los lectores y hacerles creer que Belacqua podía sobrevivir, a pesar de que se le ha «marcado» (Beckett, 2010*b*: 160) por el autor de forma concluyente para un final muy distinto.

IMPORTAR Y NO DAR IGUAL

> Sea cual sea su historia va constituyéndose así, e incluso modificándose, en la medida en que nuevos altos y nuevos bajos vienen a empujar hacia la sombra y el olvido a los temporalmente en puestos de honor y en que otros elementos y motivos [...] vienen a enriquecerlo («Está con la cabeza descubierta»; *Fizzles*).

«Yellow» es el relato de un hombre joven, como no podía ser de otra forma dada la edad de Belacqua (aunque nunca se nos dice los años que tiene exactamente), pero también por razones emocionales, al ser un reflejo del temor del joven Samuel Beckett a que quizá no llegaría a ser nada en la vida, y eso que podía mostrar un brillante expediente de sus estudios tanto en la escuela privada como en la universidad. Eran sus instintos creativos los que parecían no encontrar una salida satisfactoria, y el hecho de reciclarlos internamente no ayudaba nada. Beckett interpretaba sus dolencias físicas como el resultado de su frustración, tal y como se manifestaba por medio de querencias sexuales insatisfactorias, dificultades para dormir, así como por un comportamiento antisocial a menudo provocado por la influencia de la bebida. Su entusiasmo intelectual por la filosofía de Descartes, de un enorme peso para Beckett, parecía ofrecerle una especie de modelo por la forma en la que distingue el mundo potencialmente infinito de la mente de los necesariamente restringidos dominios del cuerpo. Su poema de 1930 (¡ganador de un premio!) *Whoroscope* –que más tarde revisaría (Beckett, 2012: 40-43)– muestra cómo incluso esta conveniente «explicación» podía transformarse fácilmente en otro constructo susceptible de ser desmantelado, al menos en parte, aunque solo fuera porque no se podía quitar de encima el diablillo de lo perverso de una forma definitiva. Para Beckett, «el sueño del linóleo de Descartes» (*Murphy*) no era menos provisional que cualquier otra estrategia para demostrar lo que podría ser real y potencialmente razonable, y continuaba ocupando una posición intermedia entre «el sentido y el sinsentido» (Beckett, 2012: 23), lo que dejaba todo a expensas del «demonio de la ironía».

Lo que había liberado a Beckett en el terreno creativo, en el ámbito personal lo dejó atrapado en un dualismo entre mente y cuerpo imposible de controlar y cada vez más intolerable. En su novela *Murphy* (iniciada en agosto de 1935), una intervención del narrador le otorga prominencia a una «parte sexta» hipostasiada («la mente de Murphy»), cuando el verdadero autor ya había condenado a su protagonista a una defunción que acechaba latente en el suministro de gas. Entre los materiales relacionados con *Murphy* en el cuaderno «Whoroscope», agrupados bajo el título de «Para añadir» a la novela, se halla una cita de la tragicomedia *Philaster*, de Beaumont y Fletcher, que describe la muerte como «no otra cosa sino retirarse de una partida que por fuerza has de perder», una coletilla que al final Beckett no llegó a usar, pero que a menudo tendría en mente mientras escribía *Murphy*. En una carta de 1951, por una vez tomándose casi en serio su «partida» en la ficción, Beckett le dice a Mania, la viuda de su amigo Alfred Péron, que antes de que Murphy se convirtiera en cenizas por culpa de una explosión de gas, «ya estaba muerto, como resultado de un suicidio mental» (Beckett, 2011: 247). En «Yellow», Belacqua, *mutatis mutandis*, tiene mucha menos suerte; por mucha actividad introspectiva que este tenga, el ojo de la mente no puede competir con lo que Beckett (adaptando de manera evidente, para su propio beneficio, el versículo 10,4 del Libro de Job, «¿tienes tú ojos de carne?») considera un maligno destino, siempre dispuesto decisivamente a terminar la partida a su favor.

Cuando Beckett se dispuso a «dejar de involucrarse» en sus escritos tempranos, lo hizo como era de esperar tomando prestado material preexistente de sus lecturas, aportando a este material un tono y color diferencial propio. Una defensa indirecta de su estrategia para tomar notas de aquí y allá aparece inesperadamente en el artículo «Macgreevy on Yeats», en el que Beckett apunta: «Hay al menos algo que decir a favor de la mente, y es que puede disiparse» (Beckett, 1983: 95), lo cual deja abierto (para aquellos lectores que quieran tomar nota del corolario) que lo que la mente puede disipar es exactamente aquello que no está disponible para el cuerpo, una capacidad que el cuerpo no puede esperar alcanzar. Como se dice en *Murphy*: «No hay partida de vuelta entre un hombre y sus estrellas».

Al reinventarse a sí mismo en Francia desde 1938 en adelante, y al optar por escribir en francés, en parte para distanciarse de sí mismo, el hecho de «disiparse» se convirtió, efectivamente, en el *sine qua non* de la actividad literaria de Beckett, especialmente, quizá, cuando las circunstancias se conjuraron para que fuera necesario que toda la obra escrita en francés fuera posteriormente trasladada al inglés. Una nueva vida y una nueva tanda de ironías sobrevinieron conforme la partida seguía viva contra todo pronóstico, cumpliéndose así el patrón esbozado en la coda a «Dante... Bruno. Vico... Joyce»: «se mantiene la resistencia, la explosión tiene lugar debidamente y la máquina avanza» (Beckett, 1983: 33). En las grandes obras de su etapa intermedia, la muerte se mantiene en suspenso por la adopción de una posición narrativa «póstuma» («No sé cuándo morí» [Beckett, 2009e: 19]; «La vida de después de la vida» al inicio del resumen final en *Mercier y Camier* [Beckett, 2010a: 101]); pero ni la supervivencia en *Cómo es* de una «antigua voz en mí que no es mía» (Beckett, 2009c: 3), puede resolver la dicotomía entre «el abatimiento» (32) y «el deseo de reírme en cada ocasión» (95). La voz se ve forzada a admitir que no deja de ser más que «un jadeo en la oscuridad el barro no muy distinto a algunas risas salvo ninguna» (112) para al final disponerse a preguntar «qué importa» (118). La antigua y ya difunta voz de Belacqua en «Yellow» habría admitido de buena gana que estas eran también preocupaciones que le afectaban de forma directa, independientemente de si a su autor le importara que al final viviera o muriera. Pero la noción de la muerte como algo inminente –un destino mucho más horripilante, aparentemente, que el hecho inevitable de la muerte, inmanente a la vida– se convierte en una preocupación obsesiva de la «antigua voz» en *Cómo es*, y en toda la prosa que viene a continuación Beckett se centra en figuras intermedias entre la vida y la muerte, generando escenarios espectrales en los cuales «el cráneo hace por brillar de nuevo en lugar de apagarse» (Beckett, 2010c: 151).

¿Qué habría pensado el Beckett de Belacqua de estas obras cortas? Quizá *Mal visto, mal dicho* sea lo más cerca que está de proporcionar una respuesta, incluso con su propio listado de preguntas en un lugar destacado:

> ¿Cómo tener necesidad al fin? ¿Cómo? ¿Cómo tener necesidad al fin? [...]
>
> No importa nada. Tanta es la confusión entre lo real y –¿cómo decir su contrario? No importa. Ese viejo tándem. Tanta es la confusión entre los que estaban tan unidos. Y tal es el desbarajuste desde el ojo a la mente. [...]
>
> ¿Una sonrisa? ¿Es posible? El fantasma de una antigua sonrisa que sonreía finalmente de una vez para siempre. Tan mal vista, a medias, la boca a la luz de los últimos rayos. De repente la abandonan. O más bien es ella quien los deja. Y vuelta de nuevo la oscuridad. Para seguir sonriendo. Si es que se trata de una sonrisa. [...]
>
> Oír desde aquí los aullidos de risa de los condenados (Beckett, 2009a: 51, 66, 71, 74).

En este aire enrarecido es como si las viejas distinciones –luz/oscuridad; real/imaginario; sonreír/gritar– han resuelto por fin/al menos los aspectos «en parte purgatorio/en parte purgación» de lo que se entendía desde el principio que eran «simplemente una serie de estimulantes para permitir que el gatito se agarre la cola» (Beckett, 1983: 33), por muy extraños que esta última simplicidad los haga parecer. Y apenas visible aún en la «confusión» está ese «viejo tándem» que, aparentemente, vale la pena hacer volver a la vida; los huesos desnudos de un eco donde se condensa la forma en la que el materialista ve al idealista y el idealista le devuelve el favor. La guinda de esta broma es que «No importar» y «dar igual» acaban siendo reflejos uno del otro: en resumidas cuentas, una partida de suma cero. Aquí el humor, aunque habita el dominio con frecuencia preferido por Beckett (la mente), le hace unas exigencias a su audiencia que no experimentamos con las meteduras de pata de *Godot* o con los diálogos de Murphy con Ticklepenny; puede que sea una sorpresa que la analogía más cercana en la obra de Beckett se encuentre en la reseña que hizo de la novela de su amigo Jack Yeats, *The Amaranthers*, para el *Dublin Magazine* (julio-septiembre de 1936: «¡Una obra imaginativa!»): «Los momentos no están separados, sino que concurren en un único proceso, la imaginación analítica. [...] La cara permanece adusta, pero la mente ha sonreído. [...] Una aventura imaginativa no disfruta de los mismos corsés que un reportaje» (Beckett, 1983: 89-90).

Por tanto: *Como* una risa, ¿podría decirse así? Pero sin llegar a serlo. Aunque este es el Beckett en su versión más benigna, como si la novela de Jack Yeats hubiera despertado en él «algo nuevo, cosas nuevas» (89). Lo más representativo de todo es la frase más memorable de Nell en la obra *Fin de partida*, tras haber causado estupor a Nagg cuando dice que «Nada tan divertido como la desgracia» y continúa con:

> Sí, sí, es lo más cómico del mundo. Y nos reíamos, nos reíamos con ganas, al principio. Pero siempre es lo mismo. Sí, es como la historia graciosa que nos cuentan con demasiada frecuencia, la encontramos siempre graciosa, pero ya no reímos. [*Pausa*]. ¿Tienes algo más que decirme?
> NAGG: No.
> NELL: Piénsalo bien. [*Pausa*]. Entonces te dejo (Beckett, 2009*b*: 13).

REFERENCIAS BIBLIOGRÁFICAS

BARRY, Elizabeth (2006): *Beckett and Authority: The Uses of Cliché*, Houndmills, Palgrave Macmillan.

BECKETT, Samuel (1965): *Proust*, Londres, Calder.

BECKETT, Samuel (1983): *Disjecta: Miscellaneous Writings and a Dramatic Fragment*, Londres, Calder.

BECKETT, Samuel (1992): *Dream of Fair to Middling Women*, Dublín, Black Cat Press.

BECKETT, Samuel (2009*a*): *Company/Ill Seen Ill Said/Worstward Ho/Stirrings Still*, Londres, Faber.

BECKETT, Samuel (2009*b*): *Endgame*, Londres, Faber.

BECKETT, Samuel (2009*c*): *How It Is*, Londres, Faber.

BECKETT, Samuel (2009*d*): *Murphy*, Londres, Faber.

BECKETT, Samuel (2009*e*): *The Expelled. The Calmative. The End. First Love*, Londres, Faber.

BECKETT, Samuel (2009*f*): *The Letters of Samuel Beckett 1929-1940*, ed. Martha Dow Fehsenfeld y Lois More Overbeck, Cambridge, Cambridge University Press.

BECKETT, Samuel (2010*a*): *Mercier and Camier*, Londres, Faber.

BECKETT, Samuel (2010*b*): *More Pricks than Kicks*, Londres, Faber.

BECKETT, Samuel (2010*c*): *Texts for Nothing and Other Shorter Prose 1950-1976*, Londres, Faber.

BECKETT, Samuel (2011): *The Letters of Samuel Beckett 1941-1956*, ed. George Craig, Martha Dow Fehsenfeld, Dan Gunn y Lois More Overbeck, Cambridge, Cambridge University Press.

BECKETT, Samuel (2012): *The Collected Poems of Samuel Beckett*, ed. Seán Lawlor y John Pilling, Londres, Faber.

COHN, Ruby (2001): *A Beckett Companion*, Ann Arbor, MI, University of Michigan Press.

FEDERMAN, Raymond y John FLETCHER (eds.) (1970): *Samuel Beckett: his Works and his Critics. An Essay in Bibliography*, Berkeley / Los Ángeles / Londres, University of California Press.

FERNÁNDEZ, José Francisco y Mar GARRE GARCÍA (eds.) (2021): *Samuel Beckett and Translation*, Edimburgo, Edinburgh University Press.

HARVEY, Lawrence E. (1970): *Samuel Beckett: Poet and Critic*, Princeton, NJ, Princeton University Press.

KNOWLSON, James (1996): *Damned to Fame. The Life of Samuel Beckett*, Londres, Bloomsbury.

O'REILLY, Édouard Magessa (ed.) (2001): *Samuel Beckett: «Comment c'est» / «How It Is» and «L'Image». A Critical-genetic Edition*, Londres, Routledge.

PILLING, John (ed.) (1999): *Beckett's Dream Notebook*, Reading, Beckett International Foundation.

PILLING, John (2004): *A Companion to Dream of Fair to Middling Women*, Tallahassee, FL, Journal of Beckett Studies Books.

PILLING, John (2011): *Samuel Beckett's More Pricks than Kicks: In a Strait of Two Wills*, Londres, Continuum.

POSFACIO
RIÉNDONOS DE, CON Y EN CONTRA DE BECKETT EN LONDRES, MADRID Y PARÍS

John London
Queen Mary University, Londres

La premisa de hacer un libro sobre el humor en Beckett esconde una inquietante paradoja, que viene a ser la misma paradoja que se halla en el centro de toda disquisición intelectual sobre el uso de la comedia en una obra literaria. Podríamos evitar problemas, como es natural, diciendo de forma superficial que hacer reír es, en realidad, una forma de decir cosas muy serias, más o menos en la línea de *Ridendo castigat mores*. Pero hagamos una pausa –quizá en un silencio beckettiano– y nos daremos cuenta de que apreciamos la comedia precisamente por aquello que no es. Sería el equivalente a justificar el estudio de la tragedia porque ese género es, en realidad, divertidísimo. Además, no es del todo malo asumir la tristeza de la tragedia porque todo el proceso exegético explica y, por tanto, aleja temporalmente esa melancolía. Por otra parte, en un esfuerzo paralelo, asumir la risa literaria pone en peligro lo esencial de aquello que se intenta definir, pues se descarta el goce de la comedia en favor del análisis. Tras haber pasado mucho tiempo trabajando en un libro sobre el teatro cómico, puedo confirmar mi diagnóstico: el estudio del humor es un asunto muy deprimente (London y Sansano, 2022).

LONDRES

En estos casos, un antídoto de lo más agradable puede ser ir al teatro. ¿Y por qué no asistir a la última representación de *Esperando a Godot* en el West End, en una producción del distinguido James Macdonald en el Theatre Royal Haymarket? La puesta en escena tiene momentos muy divertidos y a ratos la hilaridad del público hizo que a mí también se me contagiaran unas risas. Pero me pregunto por qué unos diálogos parecían funcionar mejor que otros desde el punto de vista de la comedia y por qué, en algunos momentos, lo que hacía gracia a unos espectadores a otros les dejaba fríos. Estudiar las distintas reacciones del público que acude al teatro constituye una sugerente línea de investigación (Bennett, 2021), pero como sociólogo *amateur*, mi oído identificó tres tipos de risas en la matiné a la que asistí el 25 de septiembre de 2024.

El primer tipo de risa está en la intersección de varios sentidos, porque es más visual que auditiva; se podría describir como una sonrisa verbalizada. Ocurría, por ejemplo, cuando el Vladimir protagonizado por Ben Whishaw se ponía a filosofar: «He aquí al hombre íntegro arremetiendo contra su calzado cuando el culpable es el pie» (Beckett, 1965: 11).[1] La segunda categoría es un murmullo de risa no generalizado. Entre otros ejemplos, destacaría cuando Vladimir dice de una manera autoconsciente «Esto está convirtiéndose en algo realmente insignificante», así como pasa con el intercambio de sombreros, ejecutado lentamente, casi sin ganas (Beckett, 1965: 68, 72). El tercer tipo de risa es el menos inhibido: una manifestación de disfrute a grito partido que bien podría haber abarcado a la mayoría del público. Se podía apreciar claramente en el fragmento metateatral en el que Vladimir dice: «Qué rato tan bueno estamos pasando», a lo que Estragón, interpretado por Lucian Msamati, dice, «Inolvidable» (Beckett, 1965: 34). Era la misma sensación del final del monólogo de Lucky (en una actuación magistral de Tom Edden), cuando tras el aplauso de un público entregado, los espectadores estallan en carcajadas cuando se cae de bruces al suelo (Beckett, 1965: 45).

Estas descripciones nos remiten a las categorías que el mismo Beckett propuso en la novela *Watt*, escrita tres o cuatro años antes que *Godot*. En ese libro, como si hubiera colocado una trampa para futuros analistas de su obra (especialmente los especialistas que escriben para este volumen), habla de la «risa amarga», la que «se ríe de lo que no es bueno»; la «risa hueca», que se ríe «de lo que no es verdad», y la «risa seria», que es «la risa de las risas, la *risus purus*, la risa que se ríe de la risa», la que se ríe «de la desdicha» (Beckett, 1963: 47). Estas ideas tienen, a su vez, sus propios ecos (Ackerley, 2010: 73-74), pero una tensión considerable surge aquí por medio de la repetición, como recordando el famoso poema «Exorcismo con risa» (1908-1909), de Velimir Jlébnikov (Nilsson, 1985).

---

1. Para la traducción de esta frase de *Esperando a Godot* se ha acudido a la versión en castellano de Ana María Moix, p. 127 (véase referencias bibliográficas).

En cualquier caso, las clasificaciones cuestionan tanto como definen. Aunque son evocadoras de las tres principales teorías sobre el humor –la teoría de la superioridad, la teoría de la descarga de tensiones y la teoría de la incongruencia (Farber, 2007)–, uno sigue preguntándose si las risas que se produjeron en el teatro de Haymarket acabaron cayendo (como Lucky cayó) entre, o más allá de, las categorías establecidas. ¿Y qué decir de los chistes (a menudo de estilo joyceano) basados en juegos de palabras que, ocasionalmente, aparecen en *Godot*, pero que son más prominentes en la primera novela de Beckett, escrita cuando el autor vivía en Londres?

> «Una taza de té y un paquete de galletas surtidas». Dos peniques el té, dos peniques las galletas, una comida perfectamente equilibrada (Beckett, 1973: 49).

> «¿Por qué el camarero sirvió un filete con muchos nervios?», dijo él. «¿Te rindes?».
> «Sí», dijo Celia.
> «Porque era la primera vez que se lo iban a comer», dijo Murphy (Beckett, 1973: 81).[2]

Sería interesante analizar si estos juegos de palabras –en qué sentido el té con galletas es una comida «equilibrada» o si los filetes se ponen nerviosos– fueron desapareciendo cuando Beckett empezó a escribir directamente en francés. Pero sea cual fuere su desarrollo en potencia, este deleite del lenguaje trae a colación otro límite crucial en tantas explicaciones sobre el humor, y es que tienden a apoyarse en una supuesta gelotofobia (miedo a ser objeto de burla). En el momento en el que los actores están preparados para ser cómplices de la comedia, entonces uno se presta (de modo festivo) a reírse con ellos, no de ellos. De ahí que el objeto de la risa –y, según las definiciones beckettianas, en todos los casos se trata de «reírse de», no «reírse con»– tienda a desaparecer en mitad de la diversión.

Lo que estaba ausente de la representación en el teatro de Haymarket era un cuarto tipo de risa: la carcajada descacharrante que hace que a uno se le salten las lágrimas y se parta en dos, ese tipo de risa que no se puede controlar y que casi hace que nos orinemos en la silla. Yo mismo tuve esa experiencia dos meses antes, cuando fui a ver la versión teatral de *Fawlty Towers* de John Cleese en el Apollo Theatre de Londres. Una buena farsa puede llegar a absorbernos por completo, de forma

---

2. El chiste original, intraducible al castellano, que aparece en *Murphy* reza así: «"Why did the barmaid champagne?" he said. "Do you give it up?". "Yes," said Celia. "Because the stout porter bitter," said Murphy».

que inmediatamente nos situamos en el contexto adecuado en cuanto a los diálogos, el tono y la trama, siendo imposible permanecer ajenos y entender qué está pasando más allá de la comedia. No es una sensación que con frecuencia haya tenido con Beckett, aunque casi llegué a rozarla cuando Vladimir y Estragón se intercambian insultos en el segundo acto: «¡Imbécil!», «¡Sabandija!», «¡Engendro!», y así sucesivamente, hasta el insulto final de Estragón: «¡Crrítico!» (Beckett, 1965: 75) (en la versión francesa no se especifica este «échange d'injures» [Beckett, 1966: 67, 99]). Aunque Lucian Msamati apenas llegó a provocar unas risitas con el último insulto, recuerdo al cómico Rik Mayall en el papel de Vladimir, dando la réplica al Estragón que encarnaba Adrian Edmondson, en una actuación de 1991 en el Queen's Theatre. Antes de pronunciar «¡Crrítico!», Mayall hacía como que ventoseaba, vomitaba y excretaba, para finalmente exhibir un dedo fálico que apuntaba hacia arriba y que después se volvía fláccido. Eran las gesticulaciones groseras las que interpelaban a los espectadores, enredándolos en un mundo somático propio del ámbito gestual, para a continuación liberarlos por medio de la articulación de las palabras.

Podría decirse que el puro goce de una representación así de autocomplaciente nos lleva al éxtasis, eliminando por tanto cualquier necesidad de análisis (que sería el papel asignado al despreciado «¡Crrítico!»), aunque me parece oír un murmullo de desaprobación por parte del dramaturgo. En una ocasión que Beckett y el crítico teatral Harold Hobson se dirigían al estadio de críquet de Lord's para presenciar su deporte favorito, Hobson dijo: «En días así uno se siente contento de estar vivo», a lo que Beckett, tras una pausa, contestó, «Tampoco diría yo que sea para tanto» (Magarian, 1998). Aunque Hobson fue uno de los primeros críticos perspicaces que de forma entusiasta escribió sobre el teatro de Beckett, siendo además amigo del autor, no es descabellado considerar esta anécdota, así como los insultos en *Godot*, como una réplica tajante a todos aquellos que se atreven a interpretar su obra. En una hábil maniobra donde se intercambian los papeles, Beckett se está riendo de sus críticos. No es de extrañar que, tras un repaso de sus opiniones enfrentadas, estos salgan mal parados y parezcan ridículos (Friedman, 1966).

MADRID

El distanciamiento histórico sin duda nos brinda la oportunidad de una perspectiva cómica sobre la reacción de la crítica, a menudo ridícula, tras el estreno de *Godot* en Madrid en mayo de 1955. Las interpretaciones religiosas no eran del todo inusuales en otros países, pero en el caso español eran persistentes, y quizá comprensibles, dado el nacionalcatolicismo propio del franquismo. Juan Guerrero Zamora, que introdujo la representación con unas palabras ante el público esa primera noche, llamó a la obra una «parábola dramática cristiana» por su esperanza (Guerrero Zamora, 1955). Es la seguridad con la que se hicieron estas afirmaciones lo que provoca hilaridad. Otro crítico apuntó, como si el impacto de la obra fuera igual que acudir a misa, «Su efecto sobre nuestro ánimo perdura después de acabada la representación, movilizando nuestros sentimientos religiosos» (Aguirre Bellver, 1955).

Son aún más divertidas las vociferantes muestras de rechazo a *Godot* que se basaban, por muy extraño que parezca, en su aparente realismo. El decano de los críticos madrileños, Alfredo Marqueríe, se refería a los «detalles de crudísimo y repulsivo, innecesario realismo» (1955). Cuando la representación se trasladó a Barcelona, los reseñadores hervían de indignación, como si la pieza les hubiera ofendido personalmente. Leer sus críticas es como si al maestro que más detestas en la escuela lo vieras estallar de ira porque se ha sentado en un cojín de pedorretas:

> El repugnante realismo de la escena llegó al extremo de que cuando la acción lo marcaba, a un actor se le cayeron realmente los pantalones (Armenteras, 1956).

> Teatralmente, la obra es negativa, pues carece en absoluto de valores escénicos. [...] Literariamente, el drama es pura basura, con unas expresiones no ya soeces, sino fecales, que hasta la fecha nunca se habían pronunciado en las tablas españolas, y por respeto a quien nos lea nos guardaremos muy mucho de reproducir (Junyent, 1956).

Podemos reírnos, junto con Beckett, de estas reseñas porque creemos que ahora sabemos mucho más (la teoría de la superioridad). En este contexto, conviene recordar a Kenneth Tynan, el único crítico importante que ha conseguido burlarse de su teatro (con una superioridad implícita) y ha podido por tanto reírse de y en contra de Beckett. La reseña de Tynan de *La última cinta* y de *Fin de partida* en el Royal Court en 1958 es una pieza teatral por derecho propio, *Slamm's Last Knock* (El último golpe de Slamm), cuyo héroe epónimo es un crítico. Se trata a la vez de una evaluación de ambas representaciones y de una glosa de su tono fatalista, con un diálogo tan lleno de frases beckettianas –a veces en una *reductio ad absurdum*– que uno termina preguntándose si no es demasiado fácil acabar con Samuel Beckett directamente («slam Sam»): «No pares. Me estás aburriendo»; «De alguna forma, a pesar de todo, la muerte sigue»; «Me aburro, luego existo» (Tynan, 1961: 227).

169

Si bien esta ingeniosa muestra de sofisticación no apareció en la prensa española convencional, sería incorrecto afirmar, partiendo de reseñas periodísticas que originalmente no tenían la intención de ser divertidas, que las primeras producciones del teatro de Beckett en España fueran inmaduras o vulgares. Era tal el ímpetu del director de teatro Trino Martínez Trives que el *Godot* español se representó en Madrid dos meses antes que su estreno en Londres, seguido a continuación de otras piezas del autor. Cuando por primera vez investigué sobre el tema, me encontré con una cantidad ingente de enfoques creativos y bien informados, entre los que destacaba el alto nivel de compromiso de los primeros directores y actores de sus obras, así como la implicación más conocida de dramaturgos como Antonio Buero Vallejo y Alfonso Sastre (London, 1997: 130-140). Y todo esto en una dictadura que censuraba las traducciones de obras extranjeras al español para eliminar muestras de oposición y supuesta obscenidad. Quizá lo más llamativo fueron los comentarios de Alberto González Vergel, director del primer *Fin de partida* en España. Cuando lo entrevisté en abril de 1989, más de treinta años después de esa primera producción, todavía sentía una gran pasión por Beckett. Me hablaba elocuentemente sobre la realidad de los personajes beckettianos, como si fuera la realidad de alguien que sufre de tuberculosis: los ojos resplandecen por la fiebre y un brillo ilumina el rostro, pero por dentro los pulmones están corroídos.

Con Beckett, por tanto, uno no puede decir que se parta de risa. El creador de comedias más popular en aquel tiempo, Alfonso Paso, aunque consideraba que el autor irlandés era un clásico, dijo que Beckett «No me causa risa» (Paso, 1959: 14). Recibí confirmación de este punto de vista desde mucho más arriba en la escala sociopolítica española. Por oscuras razones de protocolo, una vez me encontré sentado a la mesa al lado de Manuel Fraga en una cena de la embajada en marzo de 1992. El antiguo ministro franquista de Información y Turismo estaba en plena forma, al menos por la reacción de los allí presentes, que engullían cada palabra pronunciada por Fraga con el mismo espíritu festivo con el que se llenaban la tripa. El exministro emitía opiniones sobre todo lo imaginable, desde su Galicia natal hasta los intentos infructuosos de hacer *whisky* en España. Cuando contaba un chiste, todo el mundo reía servilmente. Entonces se volvió hacia mí y me preguntó qué hacía para ganarme la vida. Entre titubeos, le intenté explicar mi investigación y mencioné a Beckett como uno de los autores que estudiaba. Fraga inmediatamente empezó a hablar sobre *Godot* y apuntó que era una obra tan aburrida que ni el público se quedaba hasta el final de la representación para averiguar si Godot había llegado o no. Todo el mundo, excepto un servidor, se rio con ganas de la ocurrencia.

Quizá, en este tipo de situaciones, es Beckett una vez más el que se ríe el último. Cuando Fraga se reía de la ausencia de risas en una pieza de teatro –riéndose, por tanto, en contra de Beckett– nosotros podemos reírnos en contra de la ramplonería de Fraga y así ponernos de parte del escritor.

París

Si alguien piensa que estamos forzando las cosas al meter en el mismo saco a los críticos y al propio Beckett en esta sucesión de risas, esto, por el contrario, es de lo más adecuado al considerar las obras del autor. *Eleutheria*, la pieza que Beckett escribió en 1947 pero que había quedado sin publicar a su muerte, tiene elementos de farsa, con algo de ingenio súbito y metateatral. Hacia el final de la representación un miembro del público se sube al escenario, informa que un crítico abandonó la sala en el intermedio y empieza a increpar a los actores del espectáculo, aportando él también al margen sus toques de humor: «Ne m'interrompez que si vous êtes certain de pouvoir faire de l'esprit» (Beckett, 1995: 131). Más adelante, mirando el programa, dice: «Au fait, qui a fait ce navet? [*programme*] Beckett [*il dit: "Béquet"*], Samuel, Béquet, Béquet, ça doit être un juif groenlandais mâtiné d'Auvergnat» (Beckett, 1995: 136).[3]

¿Quién se ríe de quién en este caso? ¿Nosotros de Beckett? ¿Beckett de sí mismo? ¿Acaso la «libertad» que contiene el título (ἐλευθερία) no nos invita a reírnos de todo y de todos? ¿Se puede considerar, por tanto, que nada es sagrado y que, por consiguiente, está exento de risas? Ciertamente, tras los horrores de la Segunda Guerra Mundial parecía que Dios había abandonado al mundo a su suerte. Fue en esas circunstancias cuando Beckett escribió un ensayo en 1945 (el mismo año en el que terminó la redacción de *Watt*, con sus truculentas definiciones de risas). Se trataba de presentar unas exposiciones en París de cuadros conmovedores de Abraham y Gerardus van Velde. El ensayo no trata tanto de los artistas en cuestión como de la estupidez de los críticos. El epígrafe del texto sintetiza el tipo de reacción que se esperaba ante el cementerio en el que se había convertido Europa:

3. «No me interrumpan, salvo si están seguros de poder aportar algo de ingenio»; «Por cierto, ¿quién ha hecho este bodrio? [*Programa*]. Beckett [*Dice "Béquet"*]. Samuel, Béquet, Béquet, eso debe de ser un judío groenlandés cruzado de auvernés». (Traducción tomada de la versión en castellano de José Sanchís Sinisterra, pp. 97 y 100 [véase bibliografía]).

>LE CLIENT: Dieu a fait le monde en six jours, et vous, vous n'êtes pas foutu de me faire un pantalon en six mois.
>
>LE TAILLEUR: Mais, monsieur, regardez le monde, et regardez votre pantalon (Beckett, 1989: 7).[4]

Beckett aún se reía del lamentable estado del mundo en *Fin de partida* cuando, al reciclar el chiste, convirtió en ingleses a los participantes del diálogo —«Milord!»–, alargando el chiste penosamente una página y media (Beckett, 1957: 36-38). De todas las obras de Beckett, *Fin de partida* es el más claro ejemplo de reírse «de la desdicha», algo que queda demostrado por las cuatro risas breves (*«Rire bref»*) del comienzo de la obra, cuando Clov contempla el sufrimiento que ante el espectador se despliega en el escenario (Beckett, 1957: 14-15).

Esto queda muy lejos de la idea de Henri Bergson de la risa como incompatible con el sentimiento y como corrección de los errores humanos (Bergson, 1985: 142, 150-151). Los valores que están en juego no están del todo claros. A finales de enero de 1940, cuando la Segunda Guerra Mundial iba por su cuarto mes, y menos de cuatro meses antes de que los nazis entraran en París, Claude Saulnier publicó en esa misma ciudad una teoría de la comedia bastante distinta. Señalaba el estado precario de la sociedad civil al subrayar que la risa era «le triomphe de la liberté consciente et joyeuse».[5] Saulnier, no obstante, ofrecía una premonición de aquello en lo que se iba a convertir el siglo XX, después del Holocausto y de Hiroshima, negándole a la risa tajantemente cualquier papel interpretativo: «Le rire est un réflexe de l'intelligence, qui comprend qu'il n'y a rien à comprendre» (Saulnier, 1940: 166, 168).[6] Es sin duda una conclusión chocante, pero posiblemente la única que obtenga el lector si ha llegado hasta el final de este libro. Uno puede reírse porque entiende que no hay nada que entender (el mundo ha perdido el sentido), pero también uno puede reírse, de una forma más aguda, junto con Beckett, de los intentos que hacemos por tratar de entender. Y con un poco de suerte («luck», no como a Lucky, el personaje de *Godot*) puede que logremos reírnos a mandíbula batiente y liberadora en algún momento del camino.

---

4. «EL CLIENTE: Dios hizo el mundo en seis días y no puede hacerme unos pantalones en seis meses. / EL SASTRE: Pero señor, mire el mundo y mire sus pantalones».

5. «El triunfo de la libertad consciente y gozosa».

6. «La risa es un reflejo de la inteligencia, que comprende que no hay nada que entender».

Referencias bibliográficas

ACKERLEY, Chris J. (2010): *Obscure Locks, Simple Keys: The Annotated «Watt»*, Edimburgo, Edinburgh University Press.

AGUIRRE BELLVER, Joaquín (1955): «Estreno de *Esperando a Godot* de Beckett, por el Pequeño Teatro», *Madrid*, 31 de mayo, p. 17.

ARMENTERAS, Antonio de (1956): «Windsor: estreno de *Esperando a Godot*, de Samuel Beckett, presentado por "Teatro de Ensayo de Barcelona"», *La Prensa*, 9 de febrero, p. 10.

BECKETT, Samuel (1957): *«Fin de partie» suivi de «Acte sans paroles I»*, París, Les Éditions de Minuit.

BECKETT, Samuel (1963[2]): *Watt*, Londres, John Calder.

BECKETT, Samuel (1965): *Waiting for Godot: A Tragicomedy in Two Acts*, Londres, Faber and Faber.

BECKETT, Samuel (1966): *En attendant Godot*, ed. Colin Duckworth, Londres, Harrap. [Samuel Beckett: *Esperando a Godot*, trad. Ana María Moix, en *Teatro reunido*, Barcelona, Tusquets, 2006].

BECKETT, Samuel (1973[3]): *Murphy*, Londres, Pan Books.

BECKETT, Samuel (1989): *Le Monde et le Pantalon*, París, Les Éditions de Minuit.

BECKETT, Samuel (1995): *Eleutheria*, París, Les Éditions de Minuit. [Samuel Beckett: *Eleutheria*, trad. José Sanchis Sinisterra, en *Teatro reunido*, Barcelona, Tusquets, 2006].

BENNETT, Michael Y. (2021): *The Problems of Viewing Performance: Epistemology and Other Minds*, Nueva York, Routledge.

BERGSON, Henri (1985[401]): *Le Rire*, París, Presses Universitaires de France.

FARBER, Jerry (2007): «Toward a Theoretical Framework for the Study of Humor in Literature and the Other Arts», *Journal of Aesthetic Education* 41(4), pp. 67-86.

FRIEDMAN, Melvin J. (1966): «Crritic!», *Modern Drama* 9(3), pp. 300-308.

GUERRERO ZAMORA, Juan (1955): «El Pequeño Teatro de Madrid estrenó *Esperando a Godot*, de Beckett», *El Alcázar*, 31 de mayo, p. 23.

JUNYENT, José M. (1956): «Teatro de Ensayo de Barcelona: *Esperando a Godot* de Samuel Beckett», *El Correo Catalán*, 10 de febrero, p. 9.

LONDON, John (1997): *Reception and Renewal in Modern Spanish Theatre: 1939-1963*, Londres, Modern Humanities Research Association.

LONDON, John y Gabriel SANSANO (eds.) (2022): *Acting Funny on the Catalan Stage: El teatre còmic en català (1900-2016)*, Oxford, Peter Lang.

MAGARIAN, Barèt (1998): «The Last of the Gentleman Publishers», *The Independent: The Wednesday Review*, 24 de junio, p. 10.

MARQUERÍE, Alfredo (1955): «El "Pequeño Teatro de Madrid" estrenó *Esperando a Godot* de Samuel Beckett», *ABC*, 29 de mayo, p. 75.

NILSSON, Nils A. (1985): «How to Translate Avant-Garde Poetry: Some Attempts with Xlebnikov's "Incantation by Laughter"», *Velimir Chlebnikov: A Stockholm Symposium, April 24, 1983*, Estocolmo, Almqvist & Wiksell International, pp. 133-150.

PASO, Alfonso (1959): «Beckett y nuestro tiempo», *Primer Acto* 11 (noviembre-diciembre), pp. 14-16.

SAULNIER, Claude (1940): *Le Sens du comique: essai sur le caractère esthétique du rire*, París, J. Vrin.

TYNAN, Kenneth (1961): *Curtains*, Londres, Longmans, Green & Co.

AUTORÍAS

VANESA COTRONEO es estudiante de doctorado en Estudios Teatrales en LMU Múnich. Estudió Letras, Teatro y Medios en la Universidad de Buenos Aires y la Universidad Nacional de La Plata, donde finaliza una Maestría en Literaturas Comparadas sobre el tema «Samuel Beckett en Alemania: lenguaje(s) y tecnología(s)». En Europa completó la Maestría en Artes Las Américas y recibió una beca erasmus+ para Lengua y Cultura Inglesa e Irlandesa en Kerry, Irlanda, y becas DAAD para Estudios de Traducción en la Sorbonne Université y la Universidad de Wuppertal. Es colaboradora oficial desde Alemania de *Beckettiana*.

MANUEL DÍAZ (Rosario, Argentina, 1993) es becario doctoral del Consejo Nacional de Investigaciones Científicas y Técnicas y docente de Literatura Contemporánea en la Universidad Nacional de Rosario, Argentina. En su tesis analiza el humor en la obra narrativa de Samuel Beckett. Ha publicado las novelas breves *Inquilinos* (2013), *Asperger* (2015), *Milton* (2015) y *La caspa del punk* (2017). En 2020 publicó por entregas el diario de viaje *¿Qué hago yo acá?* También ha participado y organizado eventos culturales y académicos, ha publicado artículos en revistas especializadas y ha realizado tareas editoriales.

JOSÉ FRANCISCO FERNÁNDEZ es catedrático de Filología Inglesa en la Universidad de Almería, donde imparte clases de literatura inglesa del siglo XX. Sus investigaciones se centran en el estudio y la traducción de la obra de Samuel Beckett. Ha publicado artículos sobre el premio nobel irlandés en revistas como *Journal of the Short Story in English*, *AUMLA*, *Estudios irlandeses*, *Journal of Beckett Studies* y *Samuel Beckett Today/Aujourd'hui*, entre otras. Actualmente dirige el grupo de investigación de la Universidad de Almería *Lindisfarne* y ha sido director de la revista académica *Estudios Irlandeses*.

JOHN LONDON es catedrático de Estudios Hispánicos y director del Centro de Estudios Catalanes en la Universidad Queen Mary de Londres. Sus libros incluyen títulos como *Reception and Renewal in Modern Spanish Theatre* (1997) o *Contextos de Joan Brossa* (2010), y ha editado, entre otros, *El desig teatral d'Europa* (2013), con Víctor Molina, y *Acting Funny on the Catalan Stage* (2022), con Gabriel Sansano. Ha traducido piezas teatrales de Juli Disla, Sergi Belbel, García Lorca y Mercè Sarrias. Entre sus propias obras destacan *The New Europe* (2000), *Nex* (2005) y *The Light Trail* (2019).

MARÍA JESÚS LÓPEZ SÁNCHEZ-VIZCAÍNO es profesora titular en el Departamento de Filologías Inglesa y Alemana de la Universidad de Córdoba. Su investigación se centra en ficción contemporánea, narrativas poscoloniales y modernismo literario en lengua inglesa. Es autora del monográfico *Acts of Visitation: The Narrative of J. M. Coetzee* (Rodopi, 2011) y coeditora de *Secrecy and Community in 21st-Century Fiction* (Bloomsbury, 2021), *New Perspectives on Community and the Modernist Subject: Finited, Singular, Exposed* (Routledge, 2018) y *J. M. Coetzee and the non-English Literary Traditions* (número especial de *EJES*, 2016).

LUCAS MARGARIT es doctor en Letras por la Universidad de Buenos Aires. Poeta, además de profesor e investigador en la Cátedra de Literatura Inglesa en la UBA, ha colaborado con numerosas publicaciones y ha dictado cursos, seminarios y conferencias tanto en Argentina como en el exterior. Entre sus libros de poesía destacan *Elis o teoría de la distancia, Telesio. Brevissimo tratado sobre el asombro* y *Vestigios de lo que se puede ver*. Entre sus libros de ensayos cabe mencionar *Samuel Beckett. Las huellas en el vacío, Leer a Shakespeare: notas sobre la ambigüedad* y *El monólogo mudo. En torno a la obra de Samuel Beckett*.

JOHN PILLING es profesor emérito (Literatura Inglesa y Europea) en la Universidad de Reading, Reino Unido. Desde sus primeras publicaciones sobre Beckett en 1976, ha escrito numerosos artículos y ensayos, además de las monografías *Beckett before Godot* (Cambridge University Press, 1997), *A Companion to «Dream of Fair to middling Women»* (Journal of Beckett Studies Books, 2004) y *Samuel Beckett's «More Pricks Than Kicks»: In a Strait of Two Wills* (Continuum, 2011). También ha sido editor, junto con Seán Lawlor, de *Samuel Beckett: Collected Poems* (Faber and Faber, 2012).

NÚRIA SANTAMARIA ROIG (Barcelona, 1964) es profesora agregada del Departament de Filologia Catalana de la UAB. Su trabajo investigador se ha dedicado preferentemente al teatro contemporáneo y ha publicado estudios sobre las obras de Salvador Espriu, Joan Brossa o Josep M. de Sagarra, así como sobre fenómenos más transversales como las reescrituras de los clásicos, los usos de la ciencia ficción en escena o la literatura dramática de consumo.

CLAUDIA MARIA DE VASCONCELLOS es profesora del Departamento de Teoría Literaria y Literatura Comparada de la Facultad de Filosofía, Letras y Ciencias Humanas de la Universidad de São Paulo. Es autora de los libros *Teatro Inferno: Samuel Beckett* (Terracota, 2012) y *Samuel Beckett y sus dobles: espejos, abismos y otros vértigos literarios* (Iluminuras, 2017), este último ganador del prestigioso Premio de la Biblioteca Nacional (Río de Janeiro, 2017). Dirige el Grupo de Estudios de Dramaturgia en su universidad y actualmente se dedica a investigar el tema mente y literatura.

SHANE WELLER es catedrático de Literatura Comparada en la Universidad de Kent, Reino Unido. Es autor de una amplia variedad de libros y ensayos sobre literatura europea contemporánea, así como de siete novelas, entre las que destacan *The Secret Things*, *The End of the Line* y *Death Sentences*.